全国基金从业人员执业资格认证考试热题库

私募股权投资基金基础知识

全国资格认证考试热题库编委会
季伟　主编

策划编辑：陈希尔
封面设计： 砚祥志远·激光照排

联系我们：
地址：辽宁省大连市沙河口区星海大厦
电话：0411-84669496
邮箱：retiku@retiku.cn

如有任何疑问
请联系客服人员

扫一扫，关注中国纺织出版社热题库系列

中国纺织出版社
热题库

中国纺织出版社
官方微信大众版

中国纺织出版社
官方微博

中国纺织出版社
天猫旗舰店

ISBN 978-7-5180-4029-2

定价：58.00元

中国纺织出版社
全国百佳出版单位
国家一级出版社

内容提要

本书主要依据基金从业资格全国统一考试大纲中的"私募股权投资基金基础知识"科目要求而编写，内容涵盖思维导图、模拟试卷、热题库三部分，思维导图能够帮助读者理清复习脉络，模拟试卷可以帮助读者检测复习效果，热题库可以帮助读者逐一击破考试重点、难点及易错点，增强应试能力。

图书在版编目（CIP）数据

全国基金从业人员执业资格认证考试热题库. 私募股权投资基金基础知识 / 全国资格认证考试热题库编委会，季伟主编. —北京：中国纺织出版社，2017.11

全国资格认证考试热题库

ISBN 978-7-5180-4029-2

Ⅰ. ①全… Ⅱ. ①全… ②季… Ⅲ. ①基金—投资—从业人员—中国—资格考试—习题集 ②股权—投资基金—资格考试—习题集 Ⅳ. ①F832.51-44

中国版本图书馆CIP数据核字（2017）第219835号

策划编辑：陈希尔　责任印制：储志伟

中国纺织出版社出版发行
地址：北京市朝阳区百子湾东里A407号楼　邮政编码：100124
销售电话：010—67004422　传真：010—87155801
http://www.c-textilep.com
E-mail：faxing@c-textilep.com
中国纺织出版社天猫旗舰店
官方微博http://weibo.com/2119887771
三河市延风印装有限公司印刷　各地新华书店经销
2017年11月第1版第1次印刷
开本：787×1092　1/16　印张：12.5
字数：292千字　定价：58.00元

凡购本书，如有缺页、倒页、脱页，由本社图书营销中心调换

纺织社资格考试系列热题库

全国银行业专业人员职业资格考试热题库

《银行业法律法规与综合能力》（初级）
《银行业法律法规与综合能力》（中级）
《风险管理》（初级）
《风险管理》（中级）
《个人贷款》（初级）
《个人贷款》（中级）
《个人理财》（初级）
《个人理财》（中级）
《公司信贷》（初级）
《公司信贷》（中级）
《银行管理》（初级）
《银行管理》（中级）

全国期货从业人员执业资格考试热题库

《期货法律法规》
《期货基础知识》
《期货投资分析》

全国证券从业人员执业资格考试热题库

《金融市场基础知识》
《证券市场基本法律法规》

全国基金从业人员执业资格考试热题库

《基金法律法规、职业道德与业务规范》
《证券投资基金基础知识》
《私募股权投资基金基础知识》

心理咨询师国家职业资格考试热题库

《心理咨询师》（二级）
《心理咨询师》（三级）

目 录

一、热题库使用说明

二、思维导图

 第一章 股权投资基金概述

 第二章 股权投资基金的参与主体

 第三章 股权投资基金的分类

 第四章 股权投资基金的募集与设立

 第五章 股权投资基金的投资

 第六章 股权投资基金的投资后管理

 第七章 股权投资基金的项目退出

 第八章 股权投资基金的内部管理

 第九章 行政监管

 第十章 行业自律管理

 第十一章 国家法律

 第十二章 证监会部门规章

 第十三章 协会自律规则

三、模拟试卷

 《私募股权投资基金基础知识》模拟试卷（一）

 《私募股权投资基金基础知识》模拟试卷（二）

 《私募股权投资基金基础知识》模拟试卷（三）

参考答案及解析

第一章 股权投资基金概述

第一节 股权投资基金的概念

第二节 股权投资基金的起源和发展

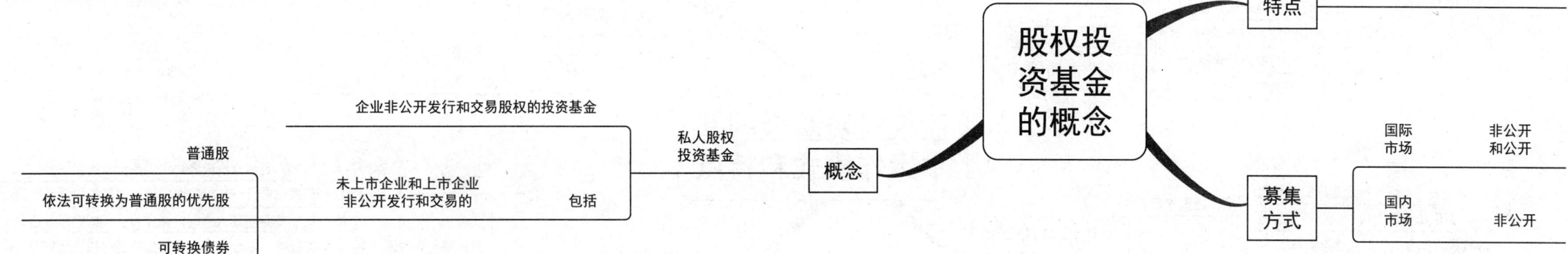

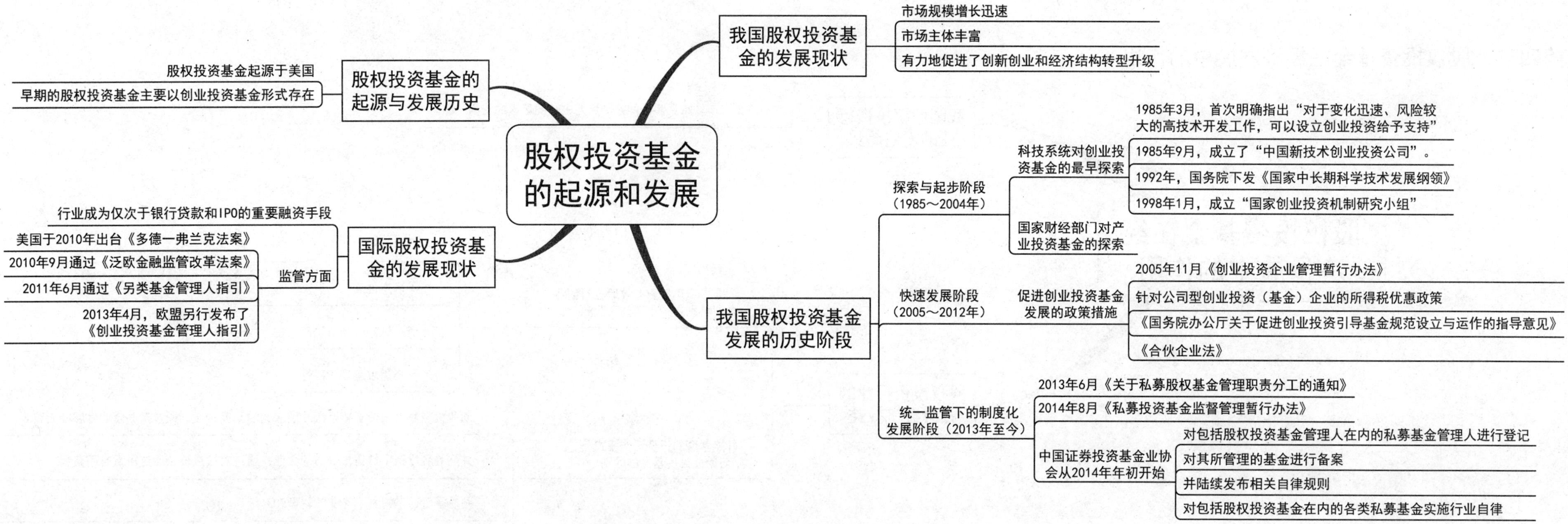

第三节 股权投资基金的基本运作模式和特点

股权投资基金的基本运作模式和特点

- 股权投资基金的基本运作模式和特点
  - 投资期限长、流动性较差
  - 投后管理投入资源较多
  - 专业性较强
  - 投资收益波动性较大

- 股权投资基金运作中的现金流
  - 基金募集过程中
    - 股权投资基金通常采用承诺资本制
    - 认缴资本：投资者承诺向基金投资的总额度
    - 实缴资本：投资者在某一时间内实际已经完成的出资
  - 基金成立后
    - 未投资资本
      - 投资者实缴资本中尚未投资出去的部分
      - 暂时闲置的未投资资本只能投资于低风险、高流动性的资产
  - 基金从被投资企业实现退出后
    - 投资退出
      - 公开股权转让
      - 私下股权转让
      - 企业清算
    - 分配：实现的收益按投资者与管理人的约定进行分配

- 股权投资基金的收益分配方式
  - 收入主要来源
    - 所投资企业分配的红利
    - 实现项目退出后的股权转让所得
  - 基金投资收益的分配
    - 股权投资基金的管理人通常参与
    - 管理人因为其管理可以获得相当于基金利润一定比例的业绩报酬
    - 有时候管理人需要先让基金投资者实现某一门槛收益率之后才可以参与利润的分成

- 股权投资基金生命周期中的关键要素
  - 基金期限
    - 也称为基金存续期，是基金投资者约定的基金存续时长
    - 基金的存续期限可以进行一次或数次延长，通常每次延长不超过一年
  - 投资期与管理退出期
    - 投资期：基金管理人通常需要在投资期内完成基金的全部投资
    - 管理退出期：基金管理人主要负责进行投资后管理及退出投资项目的工作
    - 此期间内所收取的基金管理费可能实行不同的费率
  - 项目投资周期：股权投资基金对某个投资项目从投资进入到投资退出所花的时间
  - 滚动投资
    - 也称循环投资，是指对前期投资项目退出所获利的收入，再次投入到新的项目中去
    - 多数股权投资基金对滚动投资会进行一定的限制
    - 比较多见的是限制在基金存续期的后期阶段进行滚动投资
    - 有的股权投资基金干脆限制在整个基金期限内的滚动投资行为

第四节 股权投资基金在经济发展中的作用

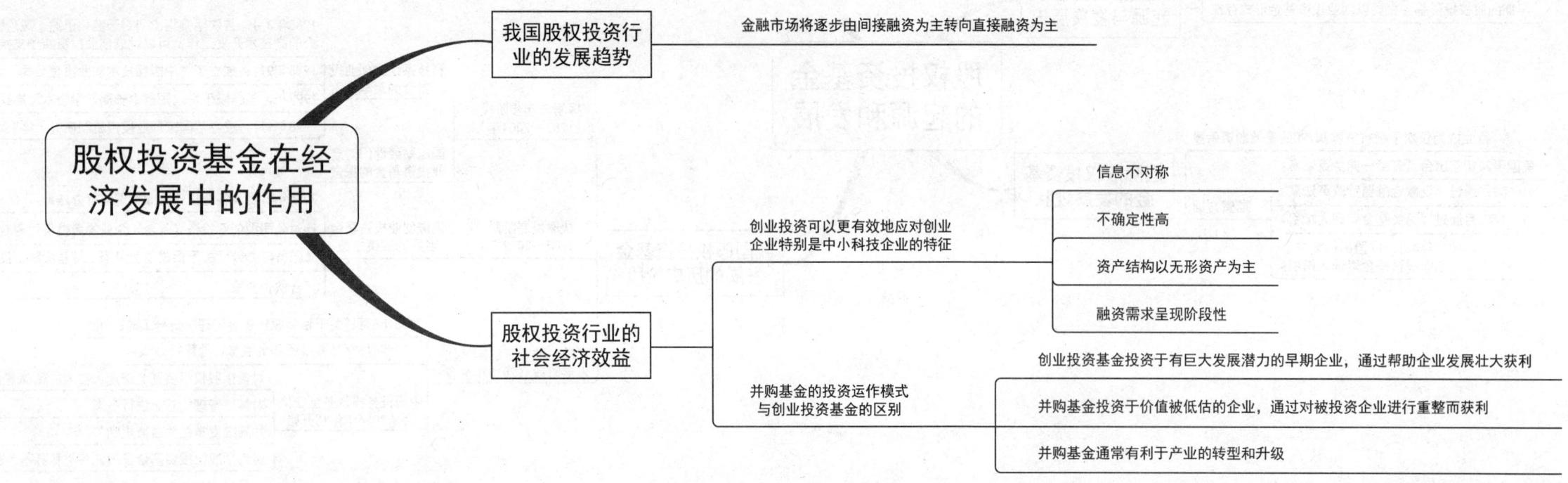

股权投资基金在经济发展中的作用

- 我国股权投资行业的发展趋势
  - 金融市场将逐步由间接融资为主转向直接融资为主

- 股权投资行业的社会经济效益
  - 创业投资可以更有效地应对创业企业特别是中小科技企业的特征
    - 信息不对称
    - 不确定性高
    - 资产结构以无形资产为主
    - 融资需求呈现阶段性
  - 并购基金的投资运作模式与创业投资基金的区别
    - 创业投资基金投资于有巨大发展潜力的早期企业，通过帮助企业发展壮大获利
    - 并购基金投资于价值被低估的企业，通过对被投资企业进行重整而获利
    - 并购基金通常有利于产业的转型和升级

第二章 股权投资基金的参与主体

第一节 股权投资基金的基本架构

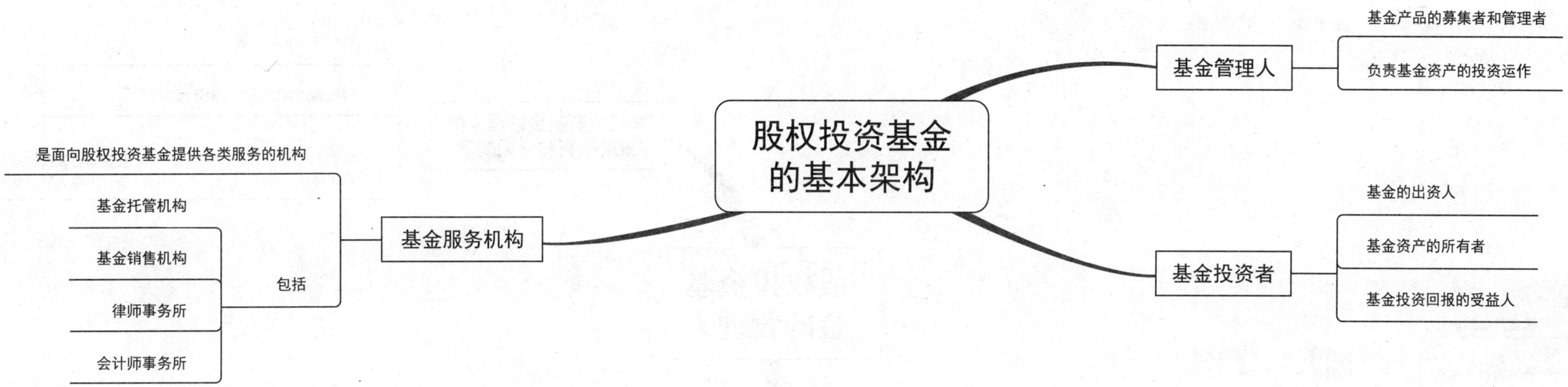

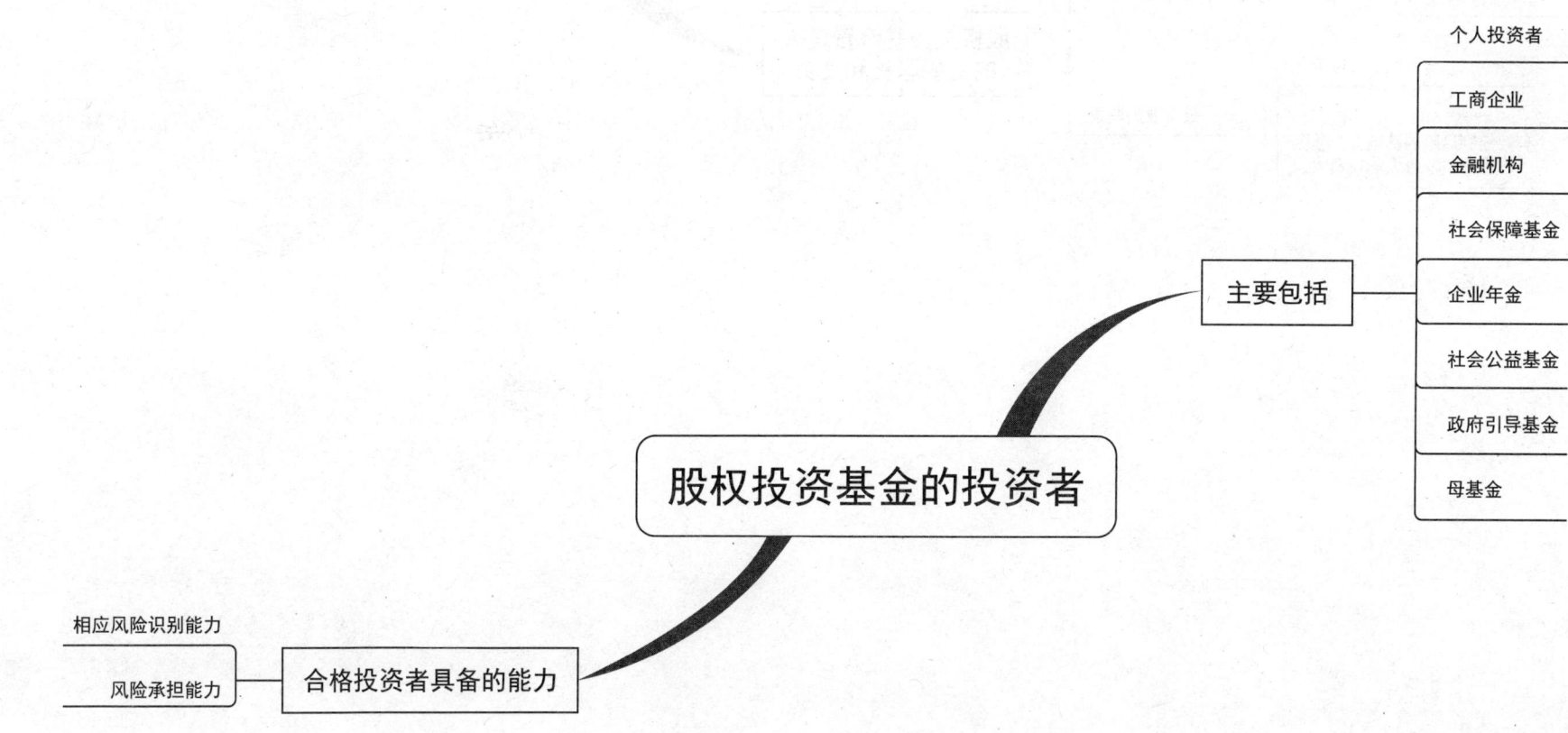

第二节 股权投资基金的投资者

第三节 股权投资基金的管理人

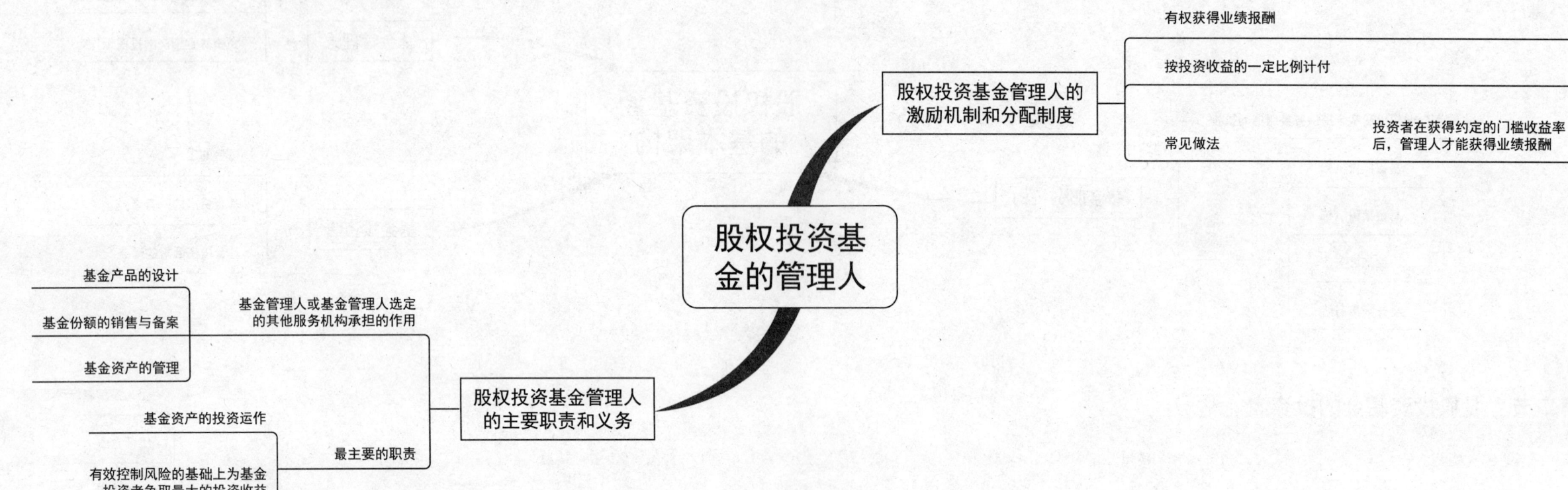

第四节 股权投资基金的服务机构

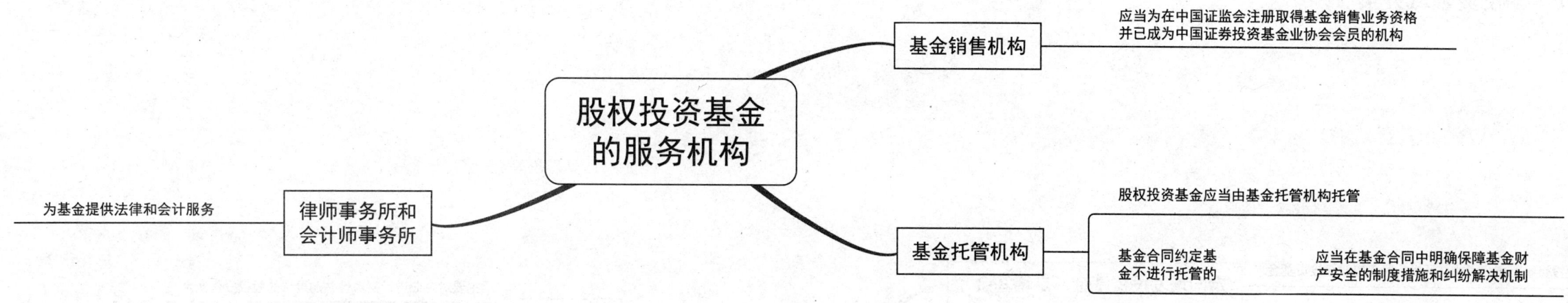

第五节 股权投资基金的监管机构和自律组织

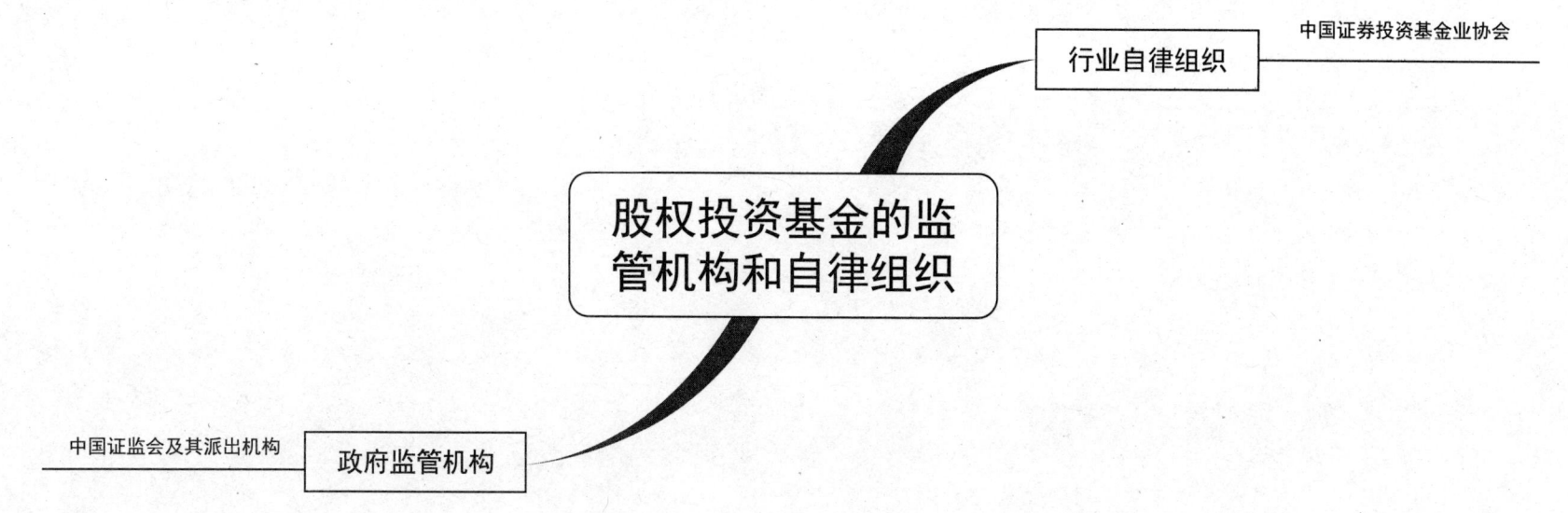

第三章 股权投资基金的分类

第一节 按投资领域分类

第二节 按组织形式分类

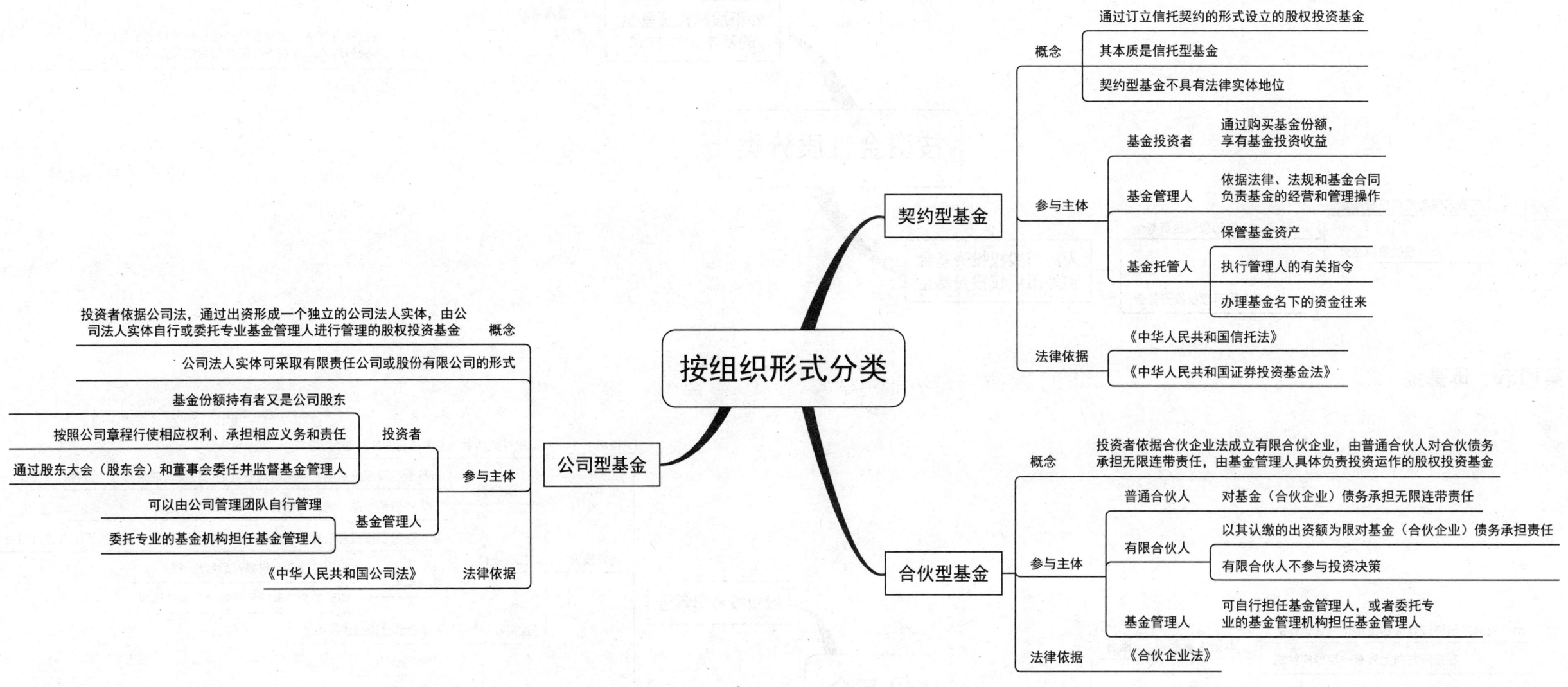

第三节 按资金性质分类

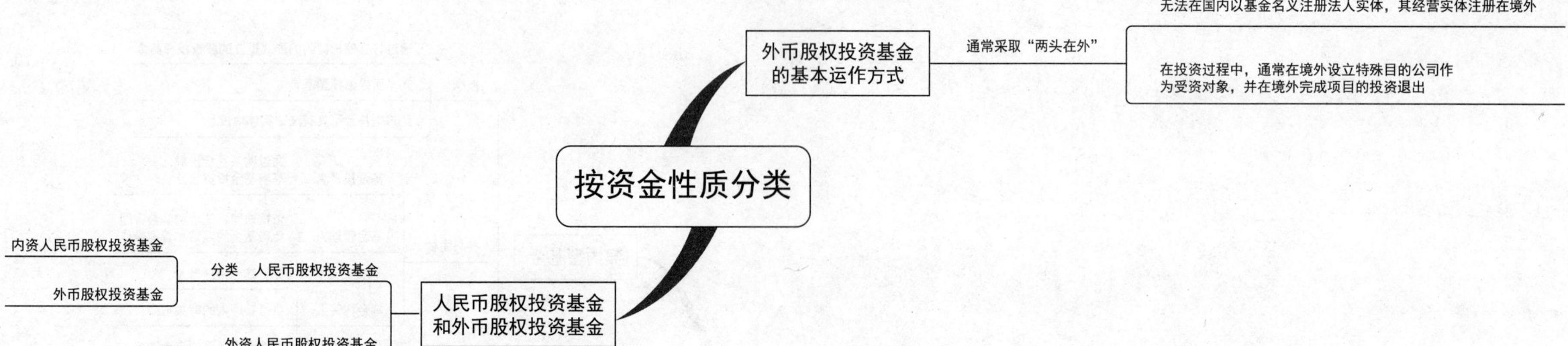

第四节 母基金

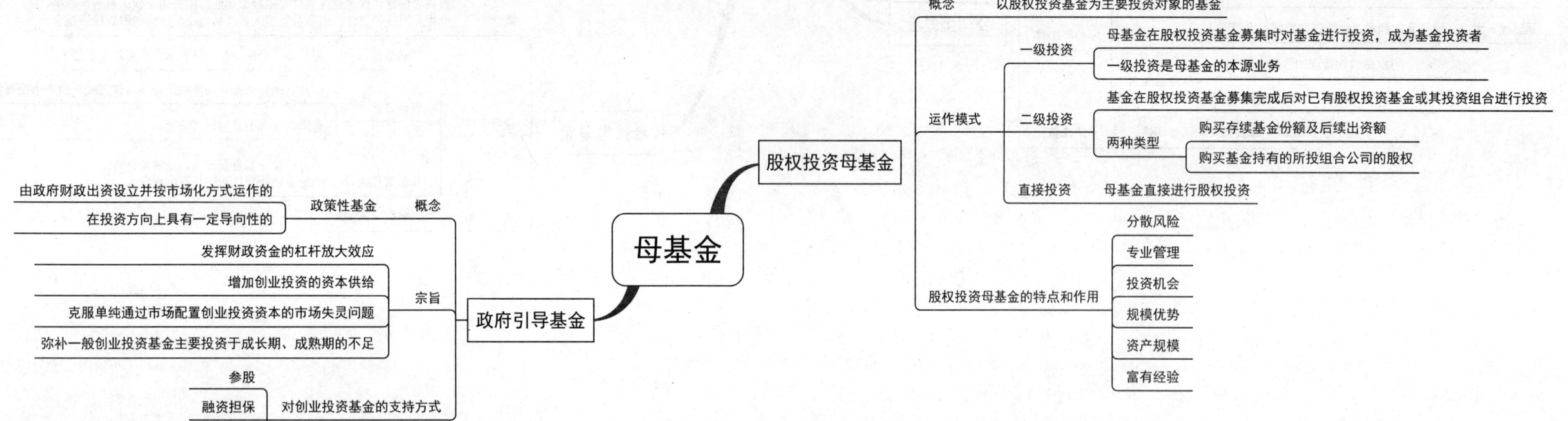

第四章 股权投资基金的募集与设立

第一节 股权投资基金的募集机构

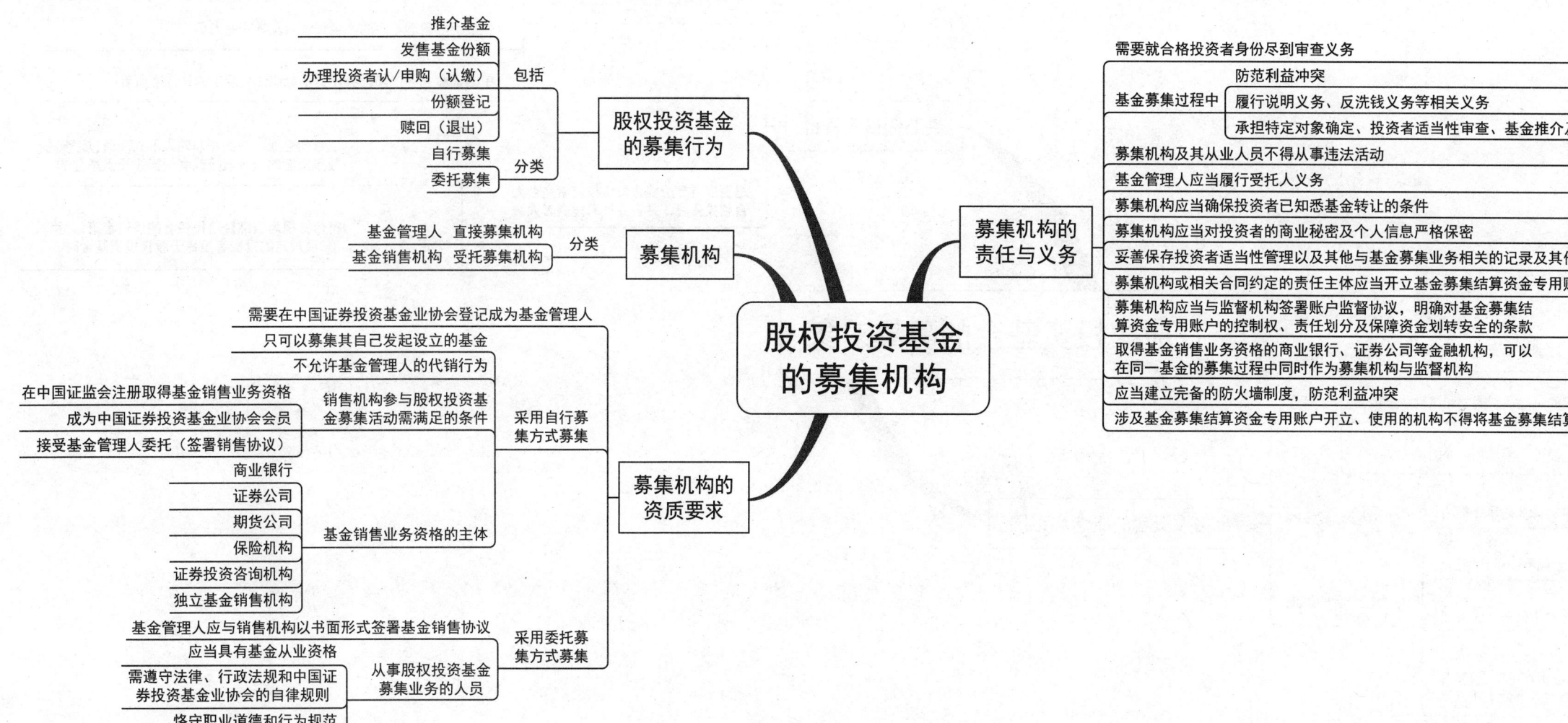

第二节 股权投资基金的募集对象

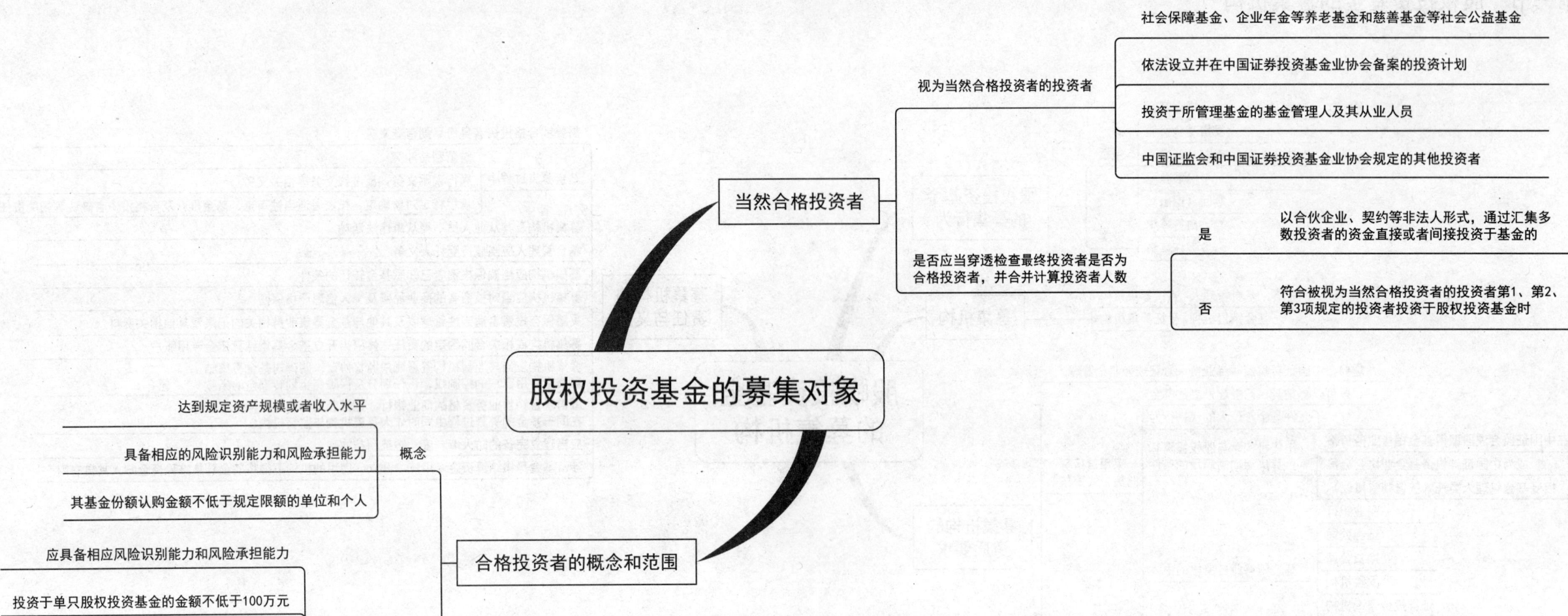

第三节 股权投资基金的募集方式及流程

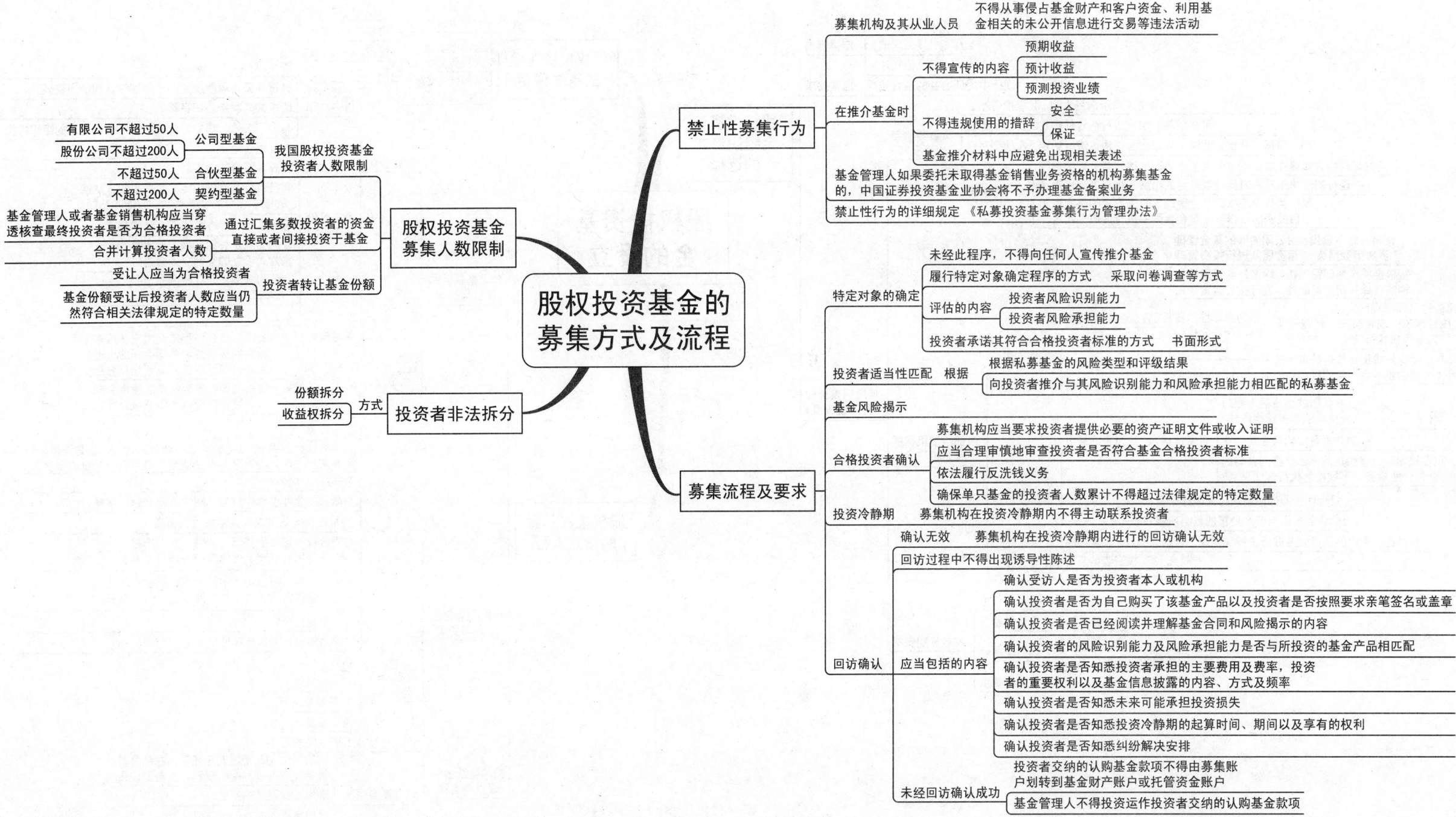

第四节 股权投资基金的设立

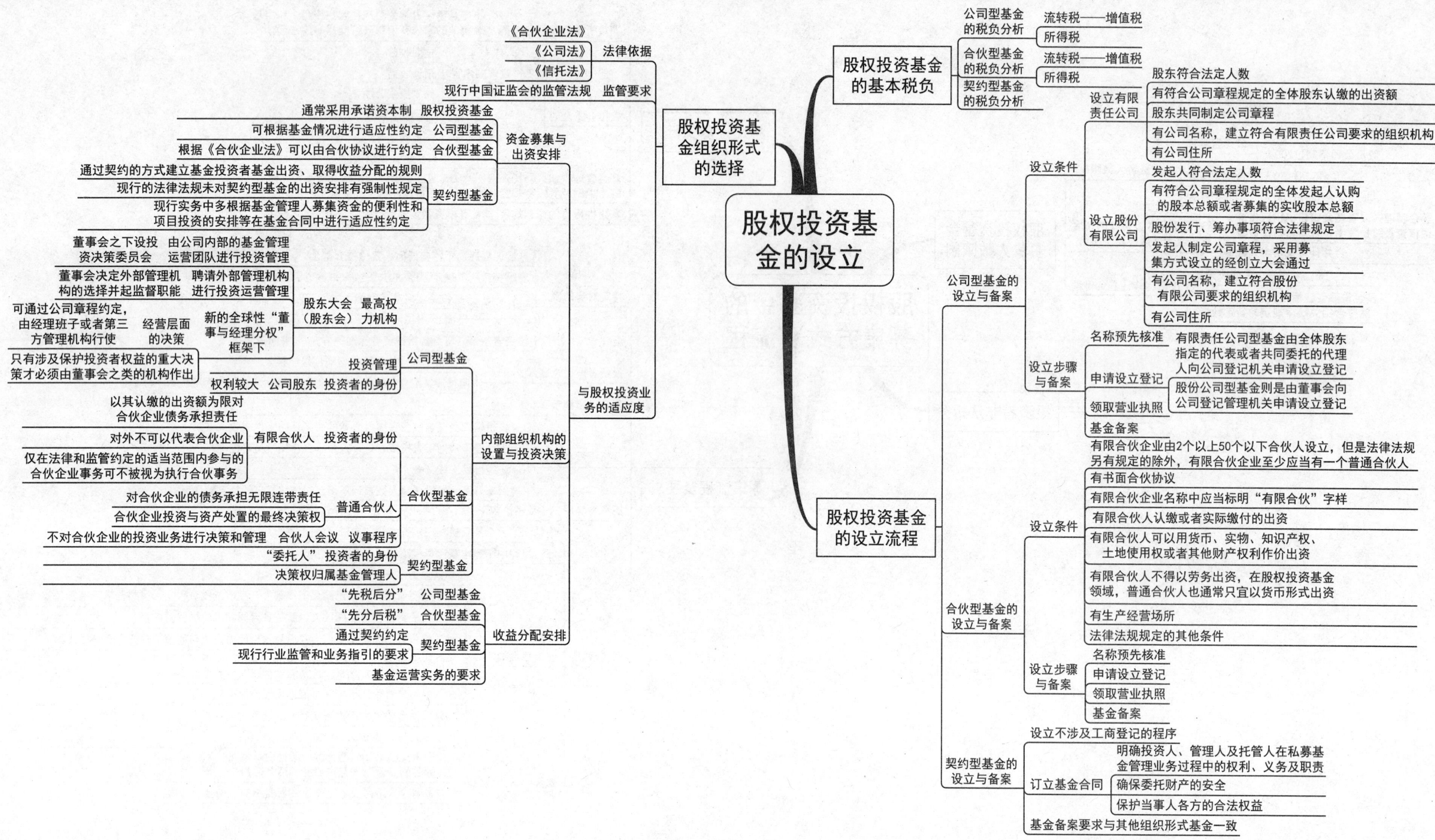

第五节 基金投资者与基金管理人的权利义务关系

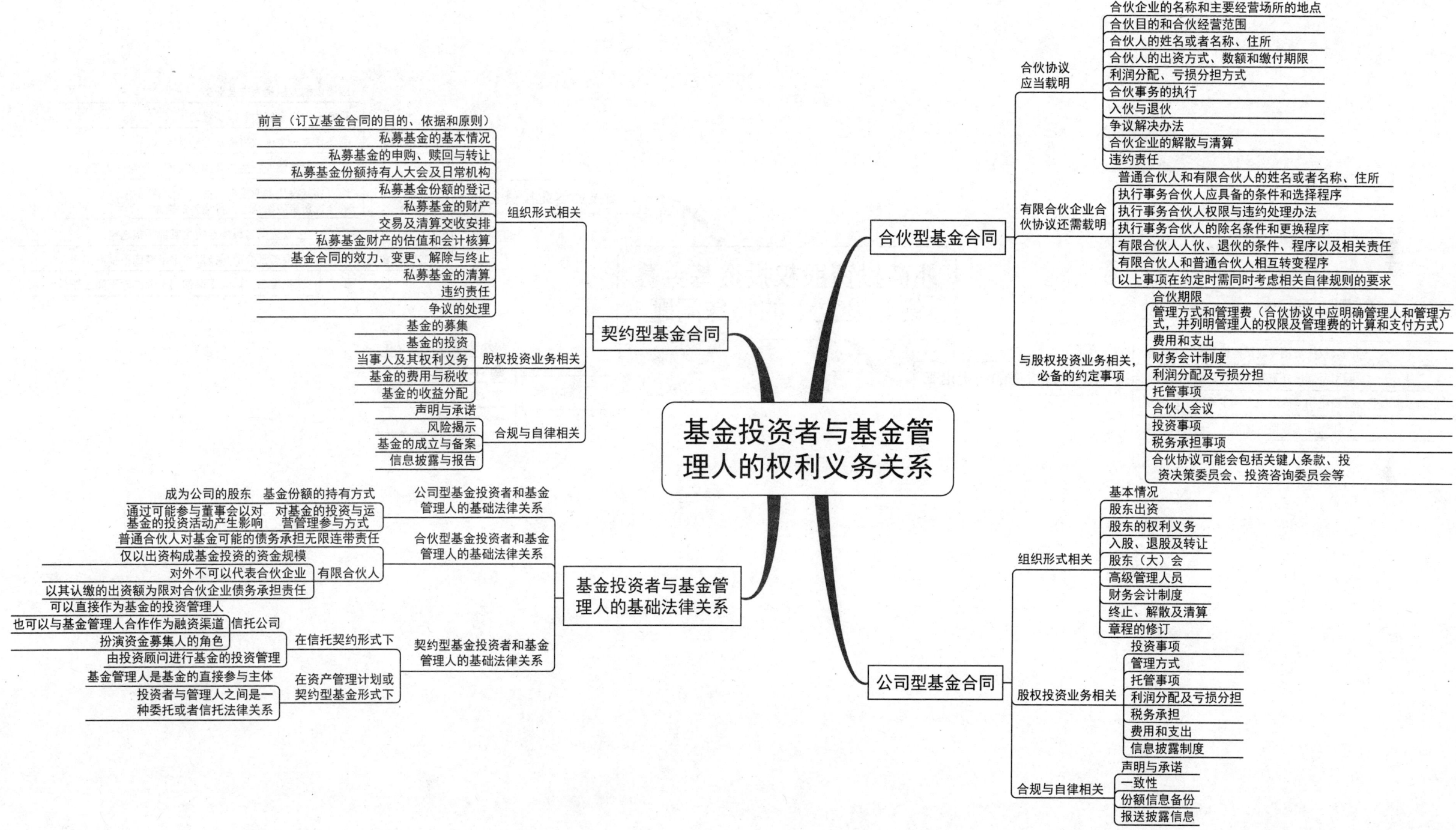

第六节 外商投资股权投资基金募集与设立中的特殊问题

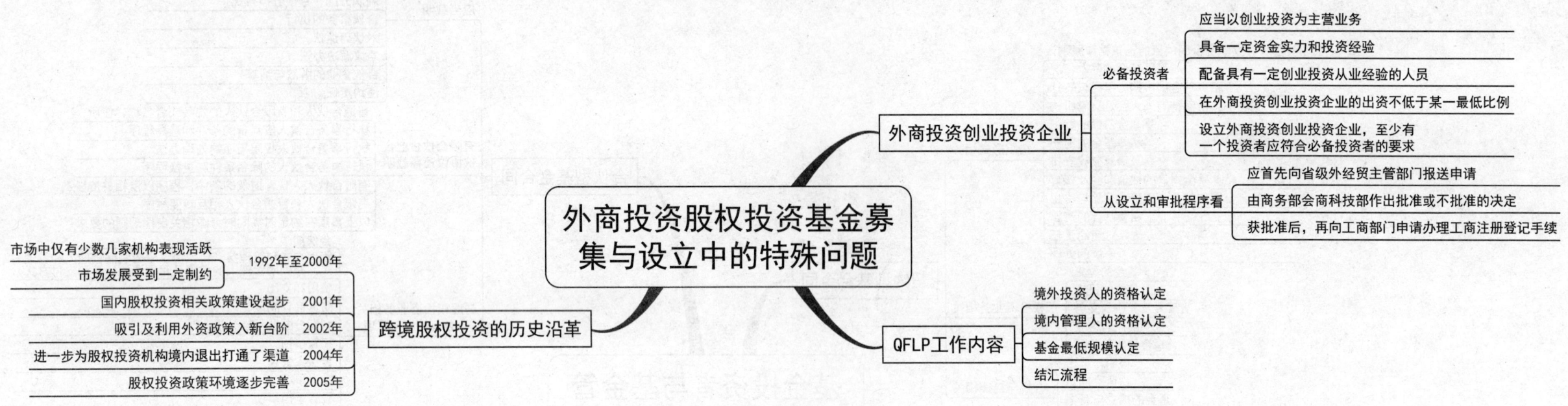

第五章 股权投资基金的投资

第一节 股权投资基金的一般投资流程

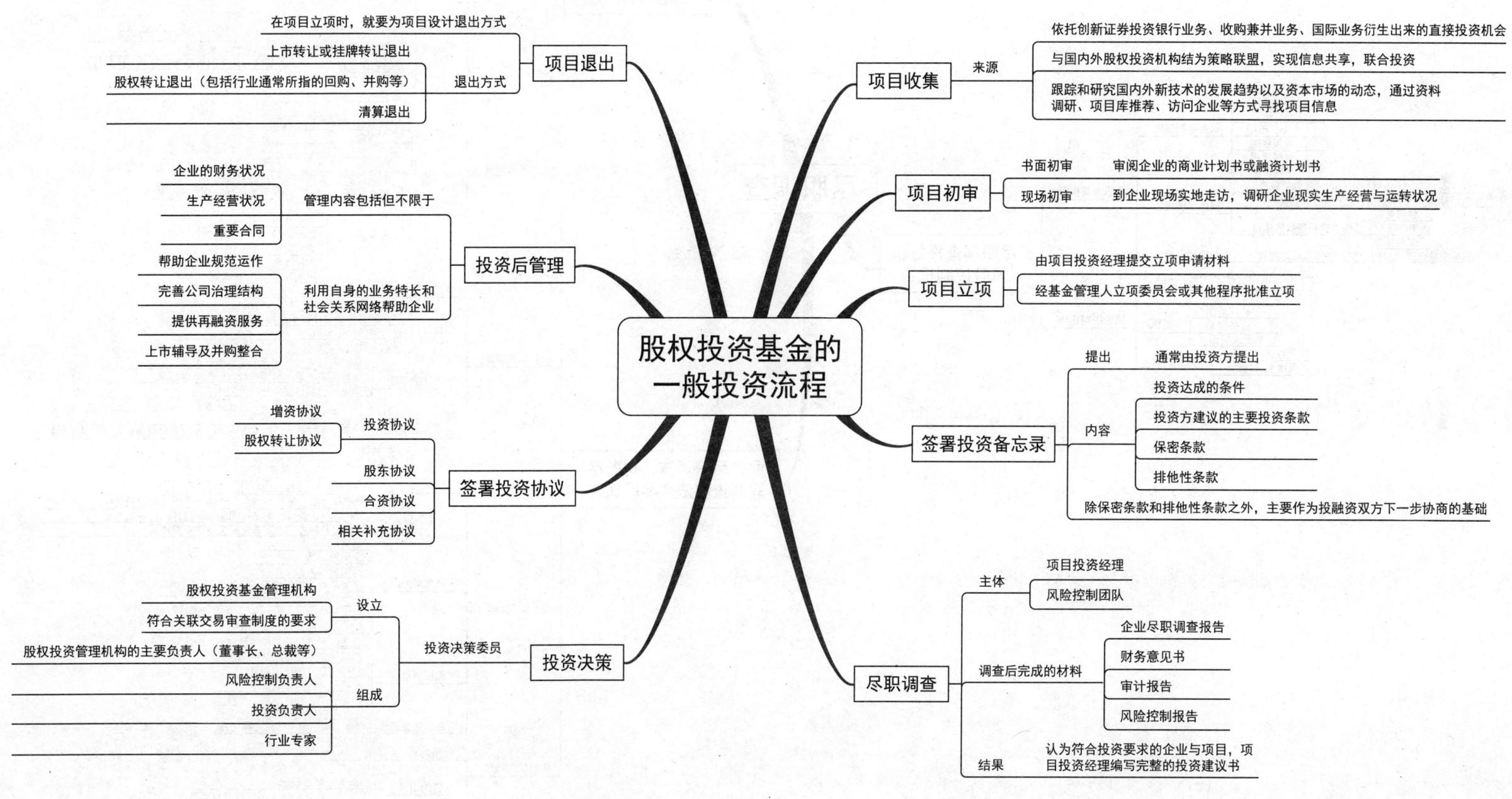

第二节 尽职调查

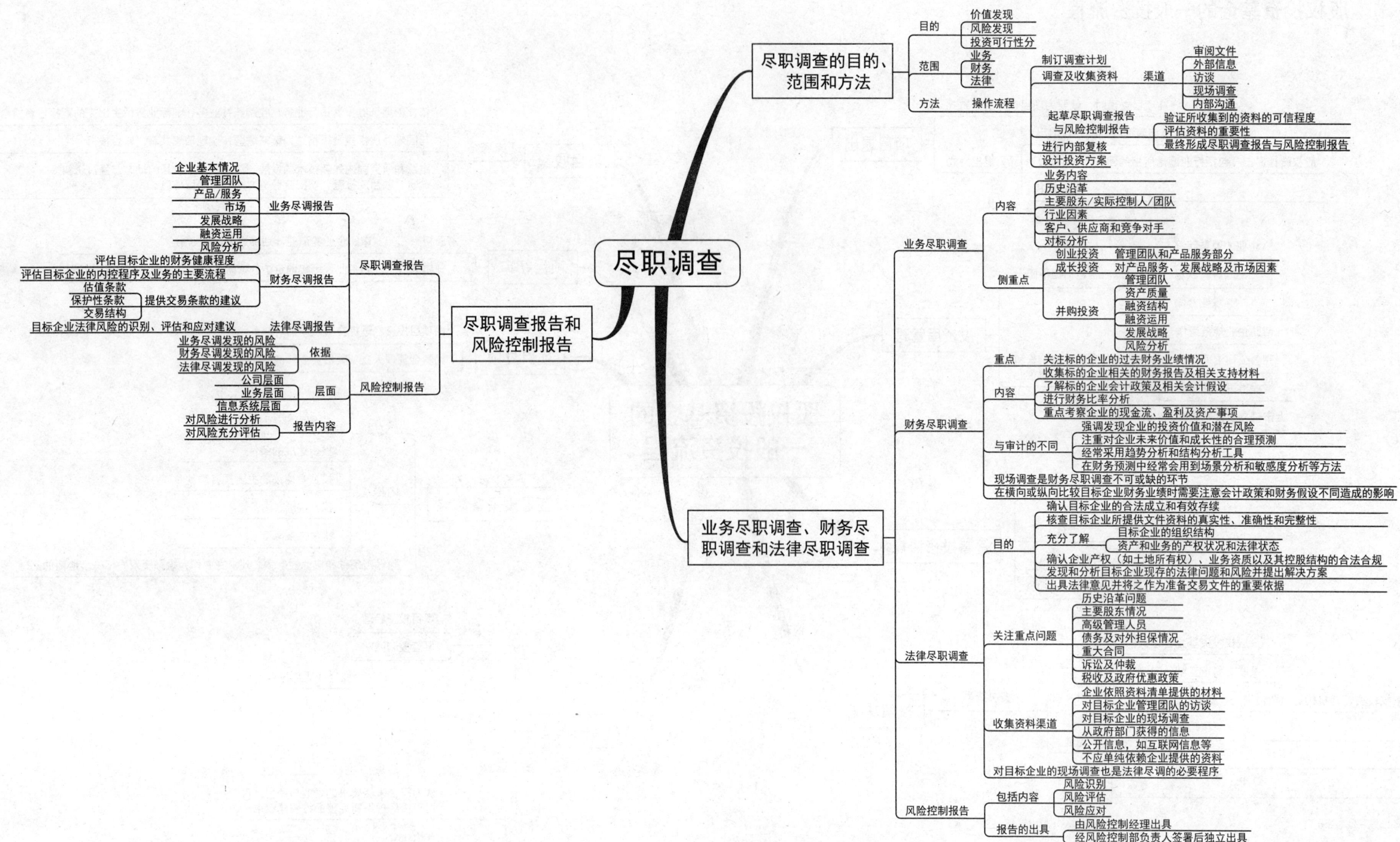

第三节 股权投资基金常用的估值方法

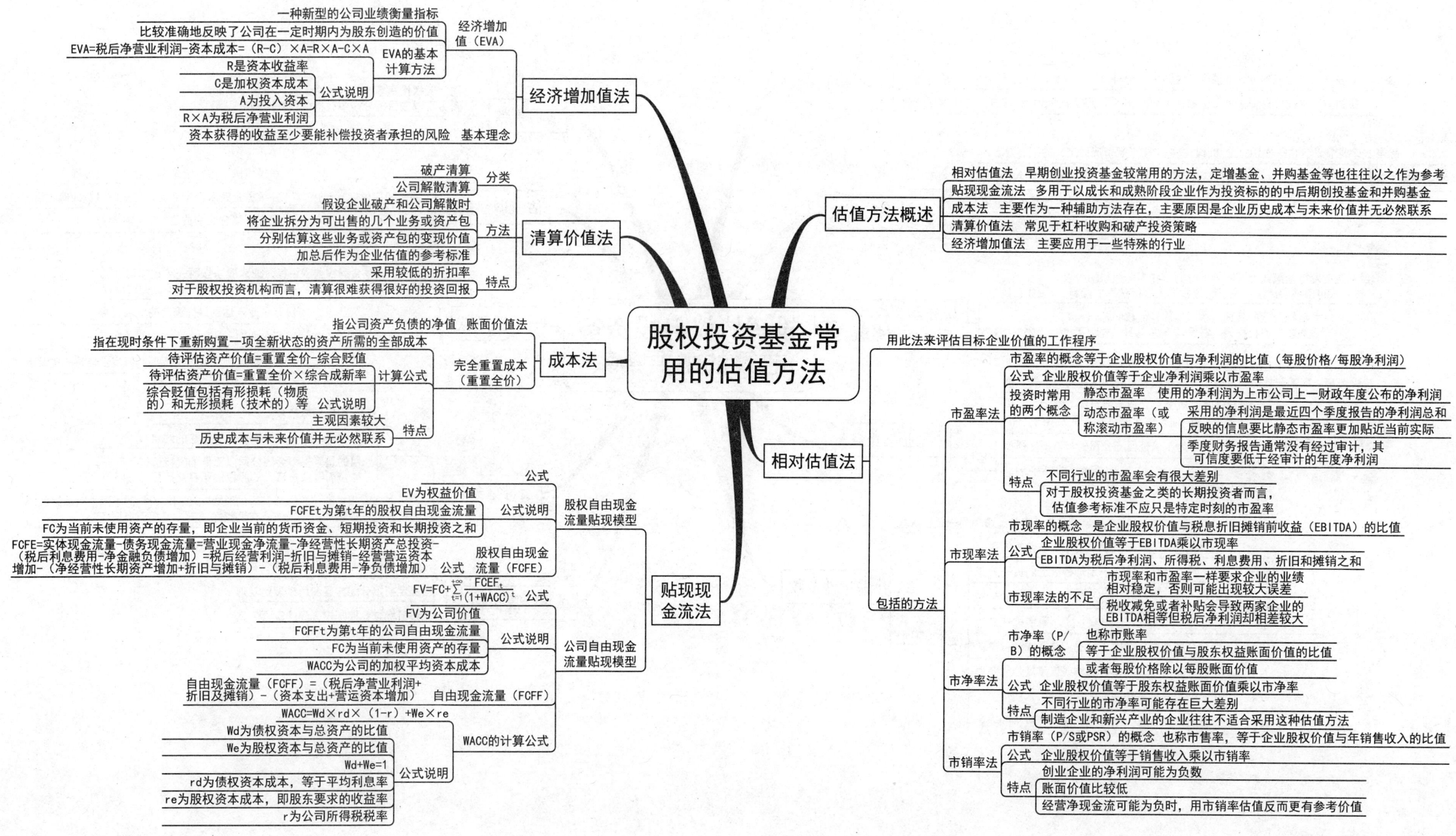

第四节 投资协议与投资备忘录的主要条款

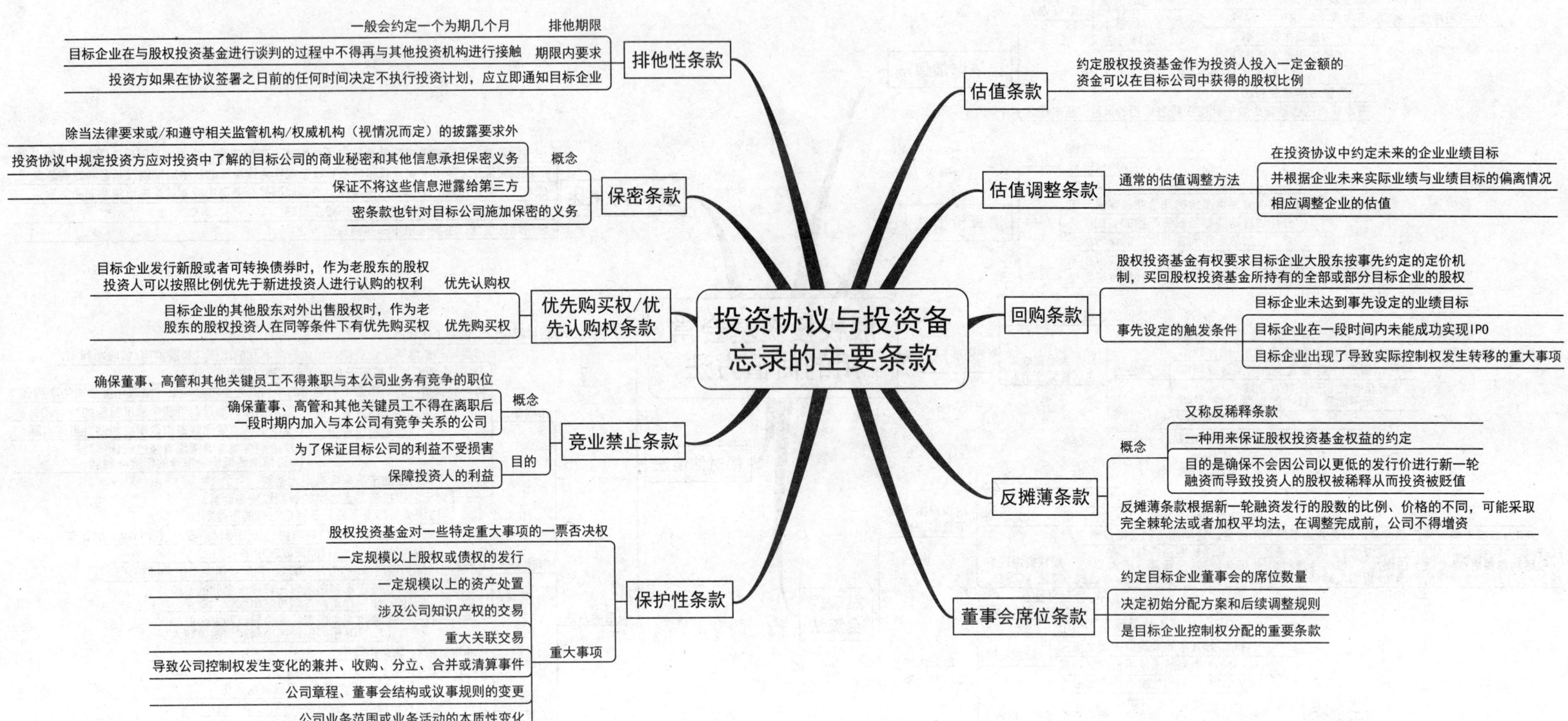

第五节 跨境股权投资中的特殊问题

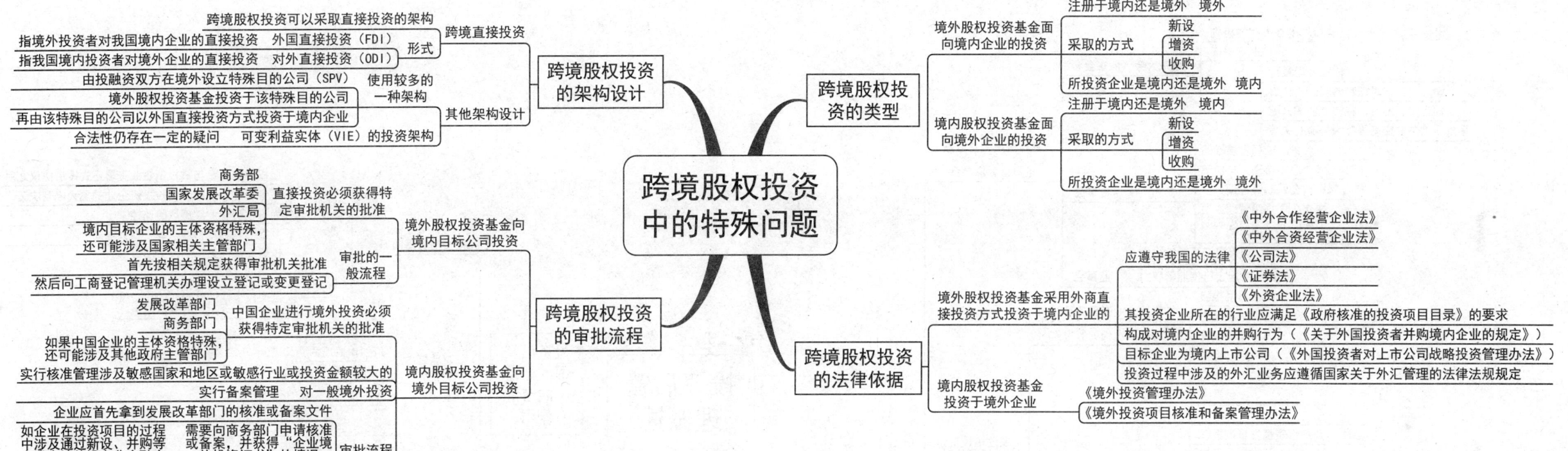

第六章 股权投资基金的投资后管理

第一节 投资后管理概述

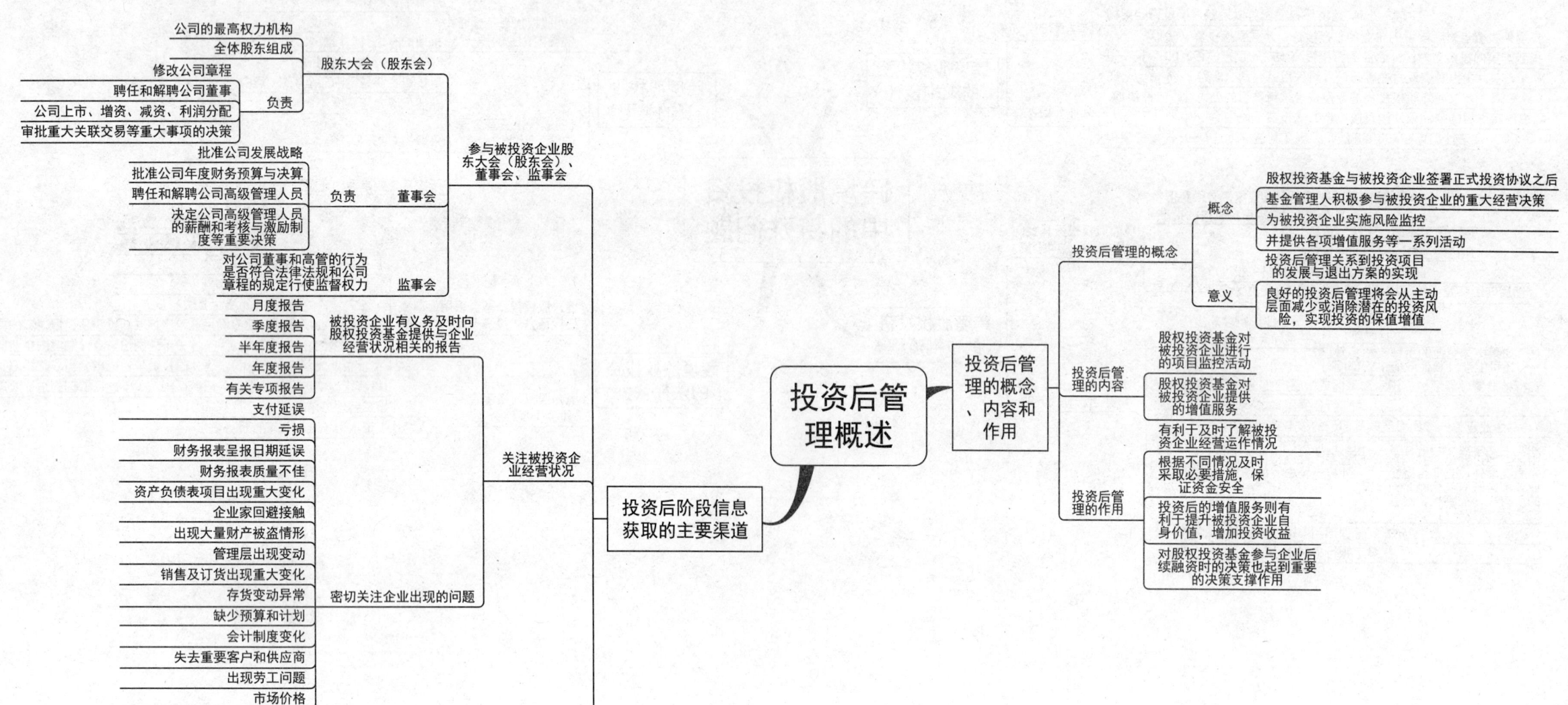

第二节 投资后项目监控

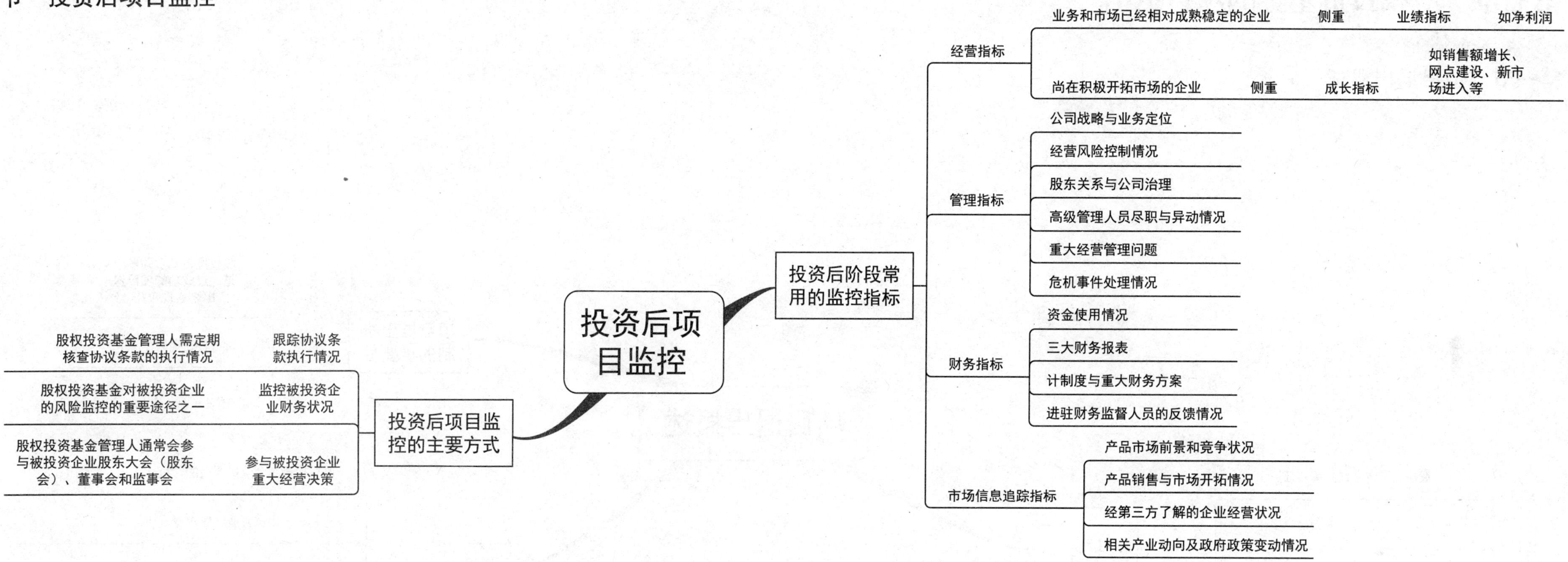

投资后项目监控
- 投资后阶段常用的监控指标
  - 经营指标
    - 业务和市场已经相对成熟稳定的企业 —— 侧重 业绩指标 —— 如净利润
    - 尚在积极开拓市场的企业 —— 侧重 成长指标 —— 如销售额增长、网点建设、新市场进入等
  - 管理指标
    - 公司战略与业务定位
    - 经营风险控制情况
    - 股东关系与公司治理
    - 高级管理人员尽职与异动情况
    - 重大经营管理问题
    - 危机事件处理情况
  - 财务指标
    - 资金使用情况
    - 三大财务报表
    - 会计制度与重大财务方案
    - 进驻财务监督人员的反馈情况
  - 市场信息追踪指标
    - 产品市场前景和竞争状况
    - 产品销售与市场开拓情况
    - 经第三方了解的企业经营状况
    - 相关产业动向及政府政策变动情况
- 投资后项目监控的主要方式
  - 股权投资基金管理人需定期核查协议条款的执行情况 —— 跟踪协议条款执行情况
  - 股权投资基金对被投资企业的风险监控的重要途径之一 —— 监控被投资企业财务状况
  - 股权投资基金管理人通常会参与被投资企业股东大会（股东会）、董事会和监事会 —— 参与被投资企业重大经营决策

第三节 增值服务

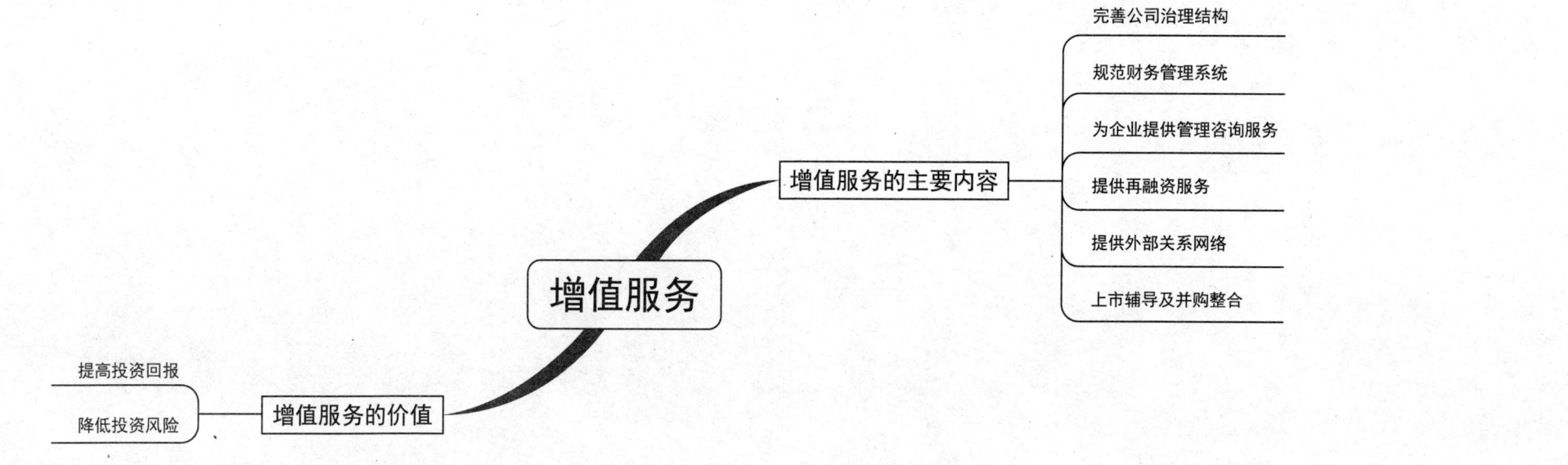

增值服务
- 增值服务的主要内容
  - 完善公司治理结构
  - 规范财务管理系统
  - 为企业提供管理咨询服务
  - 提供再融资服务
  - 提供外部关系网络
  - 上市辅导及并购整合
- 增值服务的价值
  - 提高投资回报
  - 降低投资风险

第七章 股权投资基金的项目退出

第一节 项目退出概述

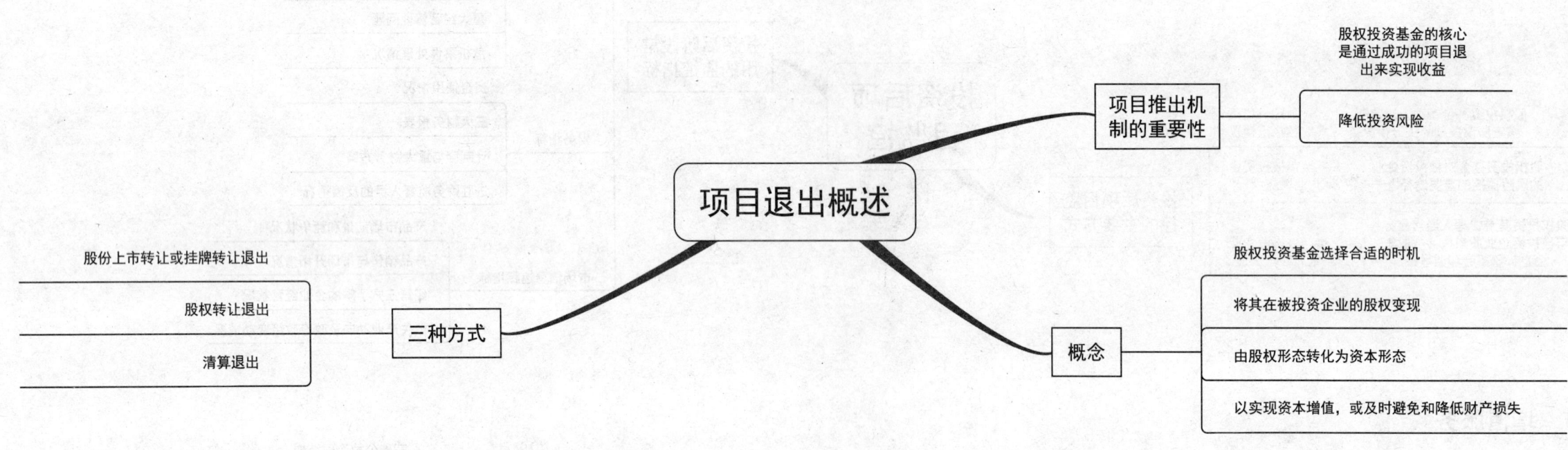

第二节 股份上市转让或挂牌转让退出

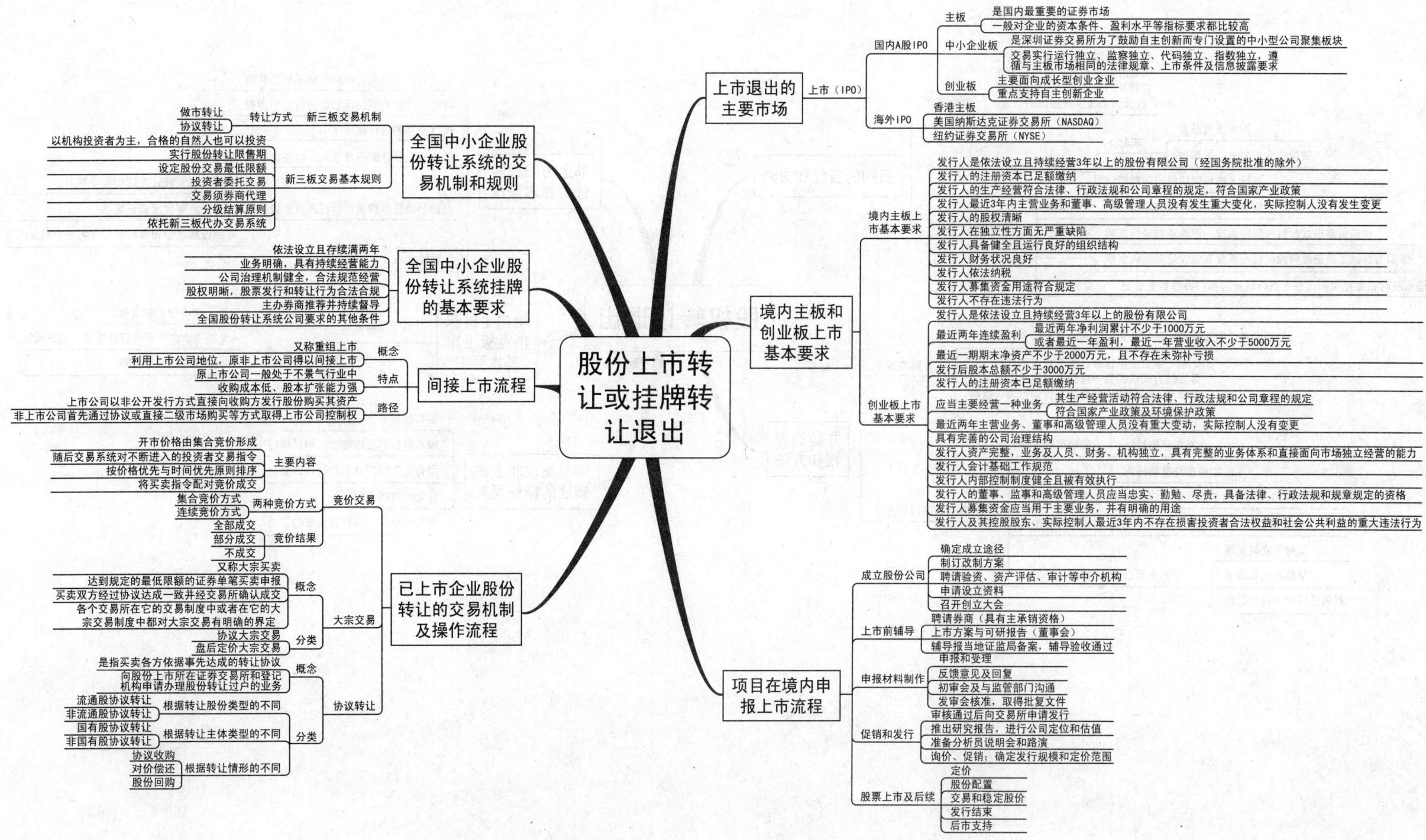

第三节 股权转让退出

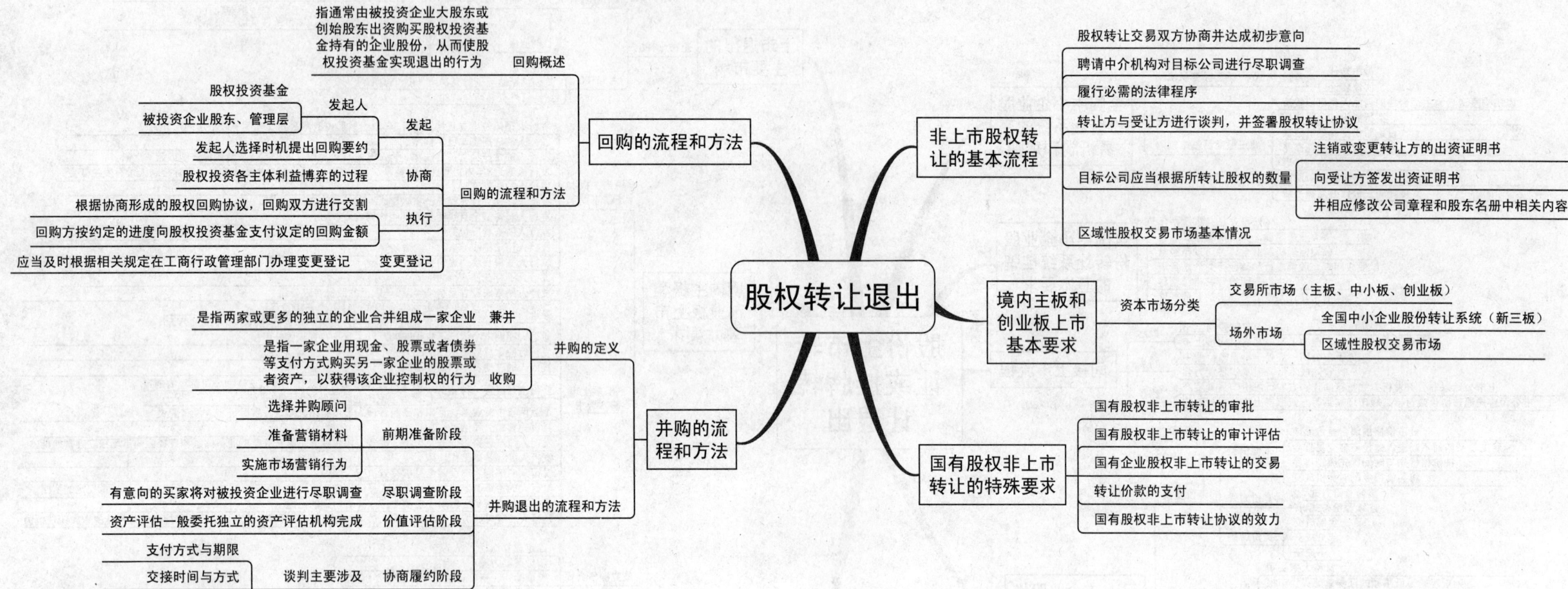

第四节 清算退出

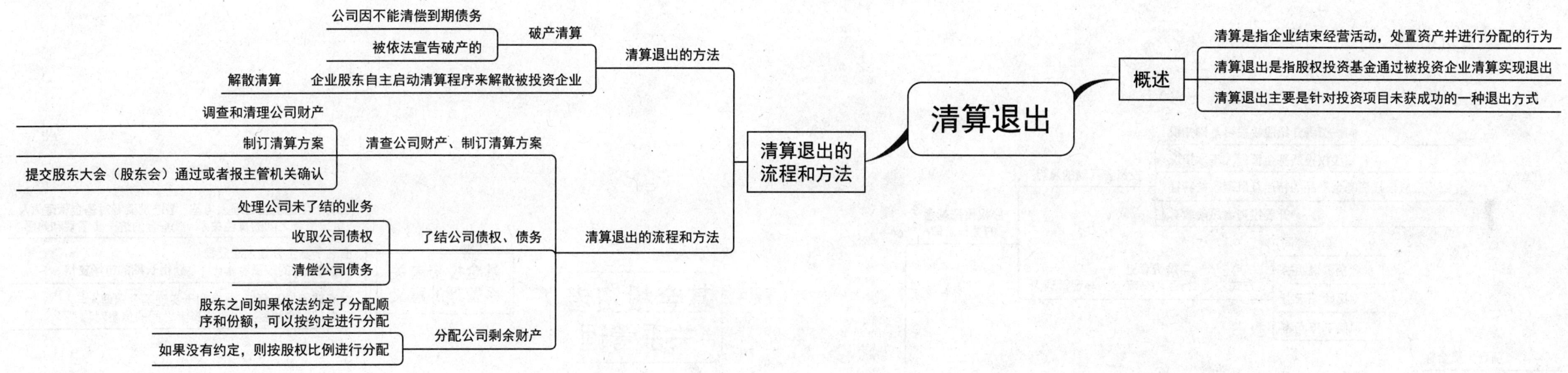

第八章 股权投资基金的内部管理

第一节 基金投资者关系管理

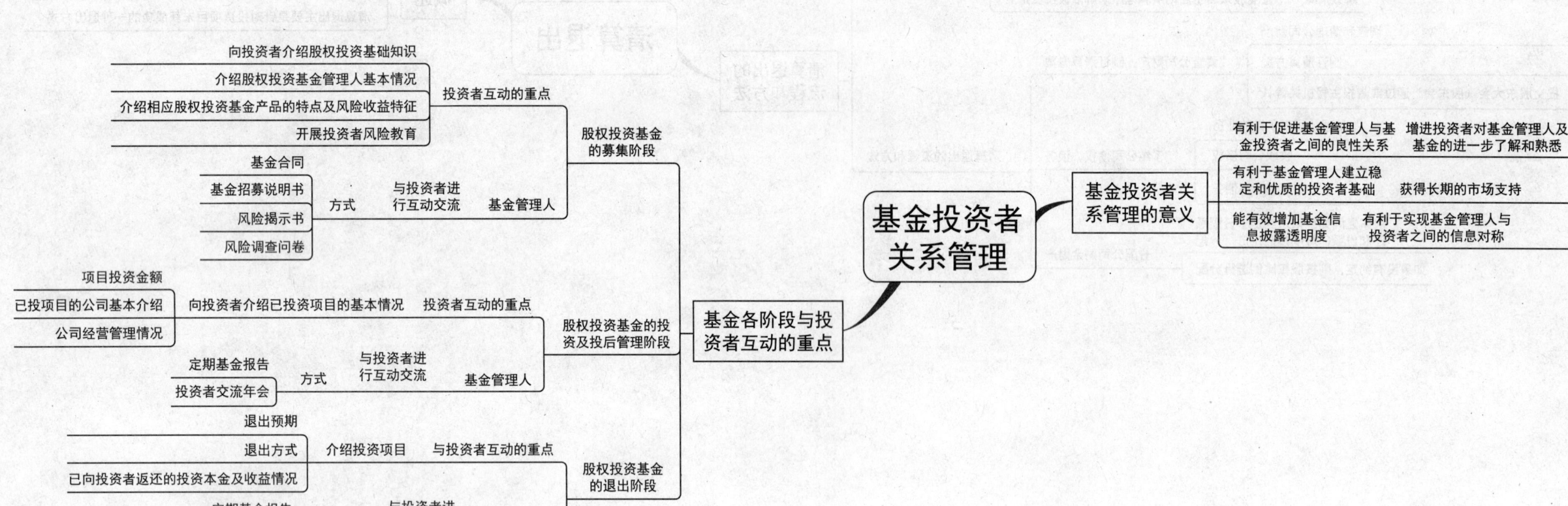

第二节 基金权益登记

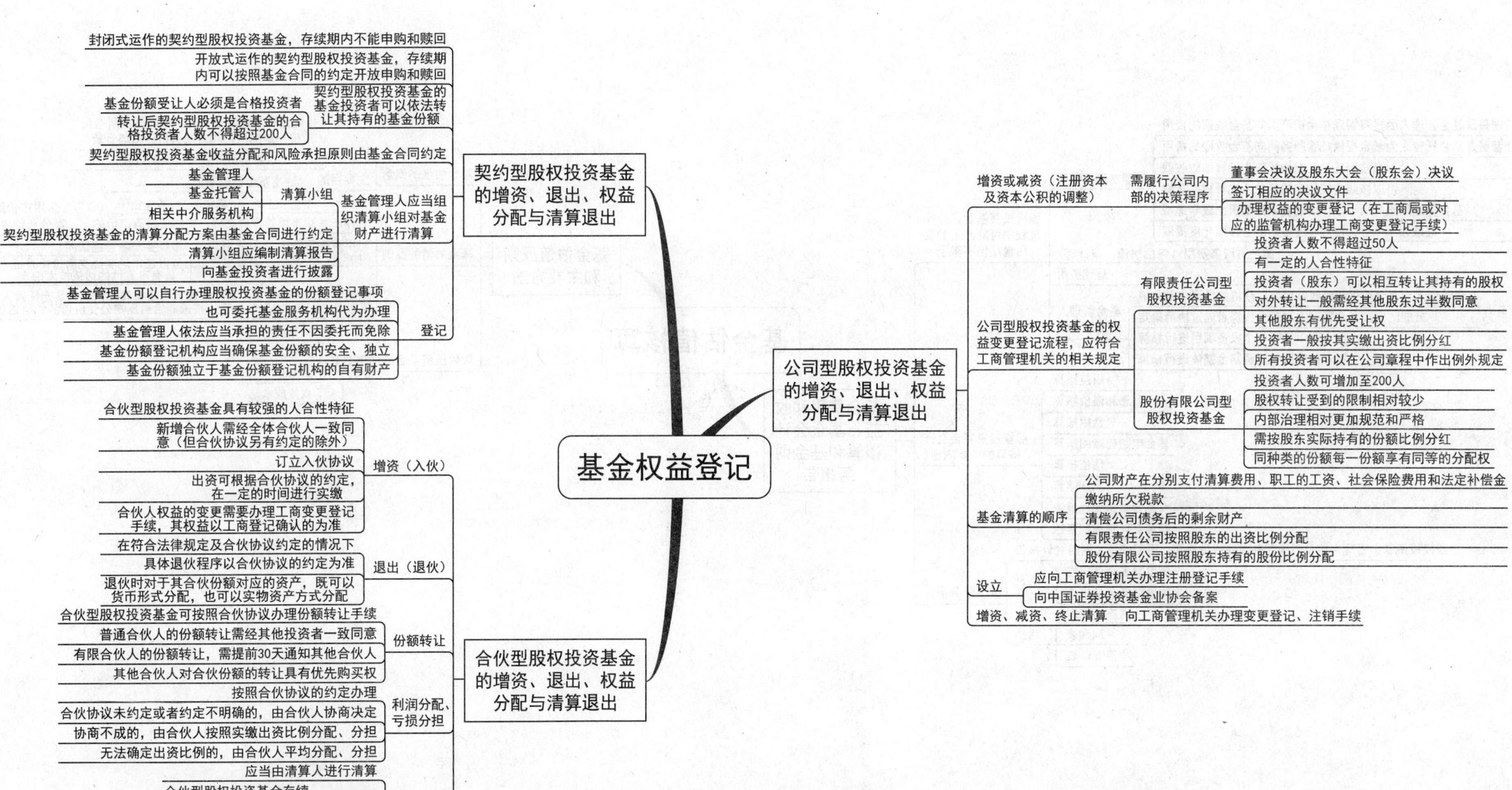

第三节 基金估值核算

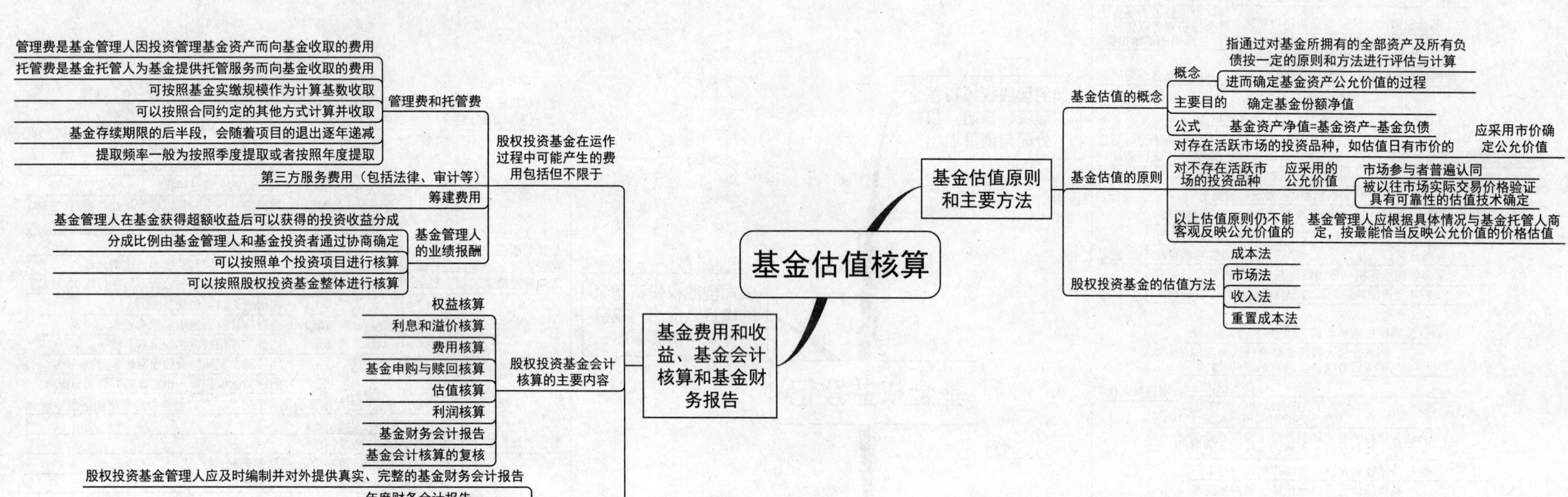

第四节 基金清算与收益分配

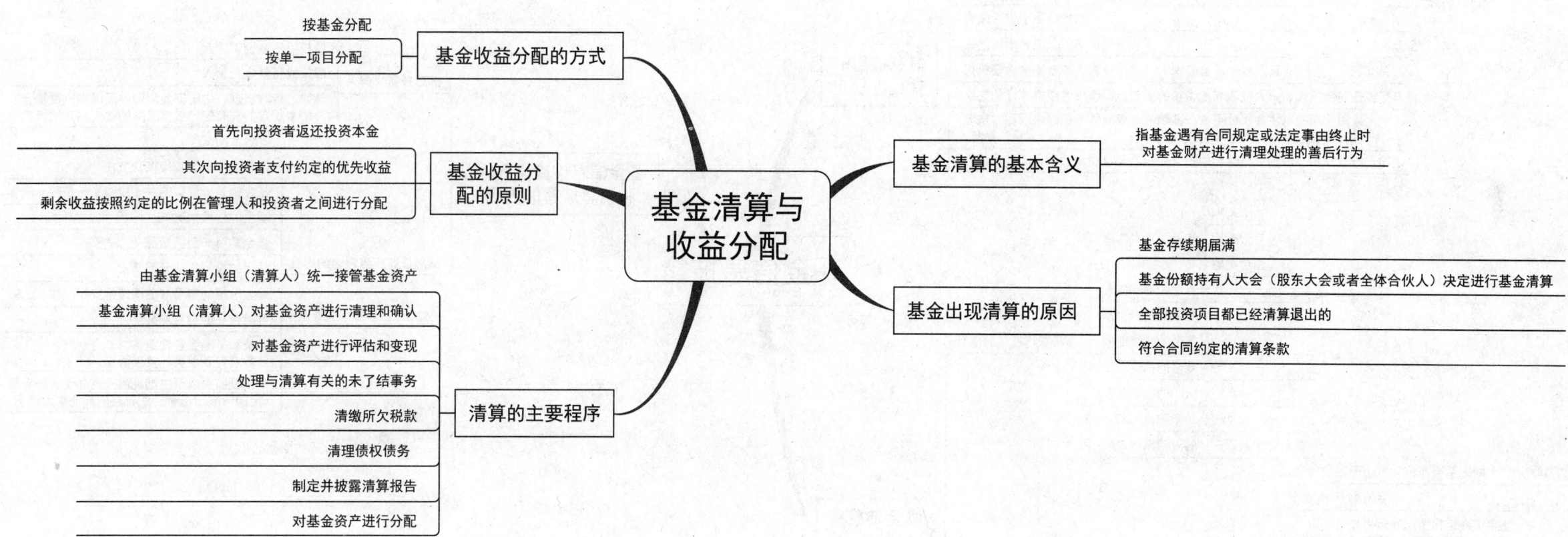

第五节 基金信息披露

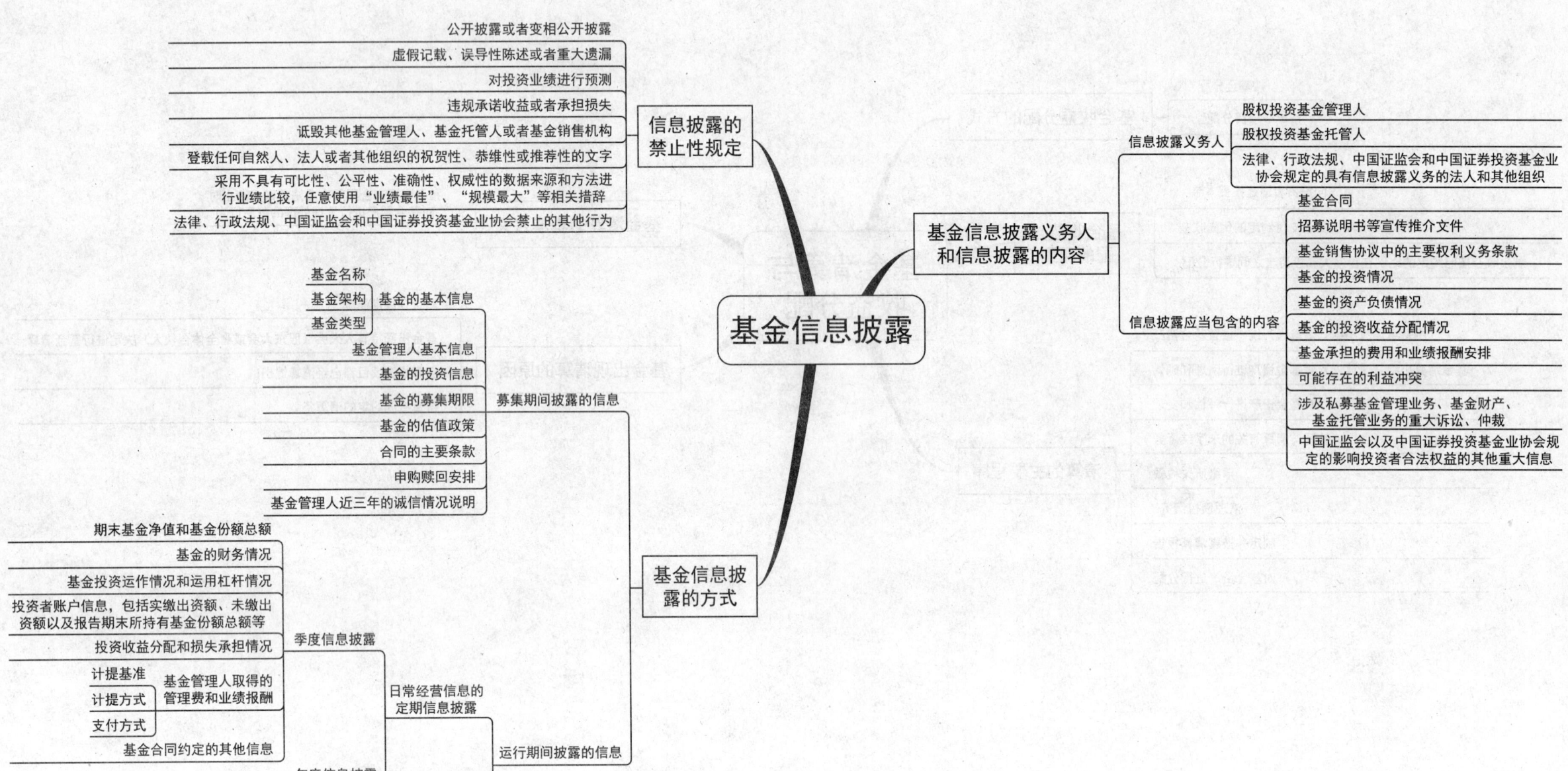

第六节 基金的托管

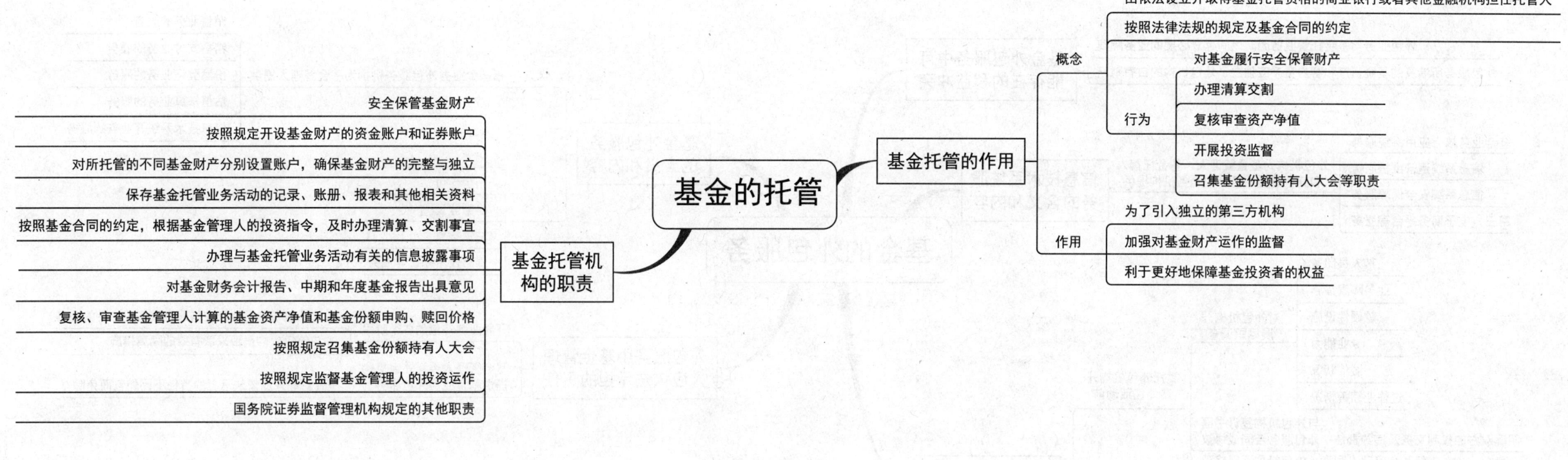

第七节 基金的外包服务

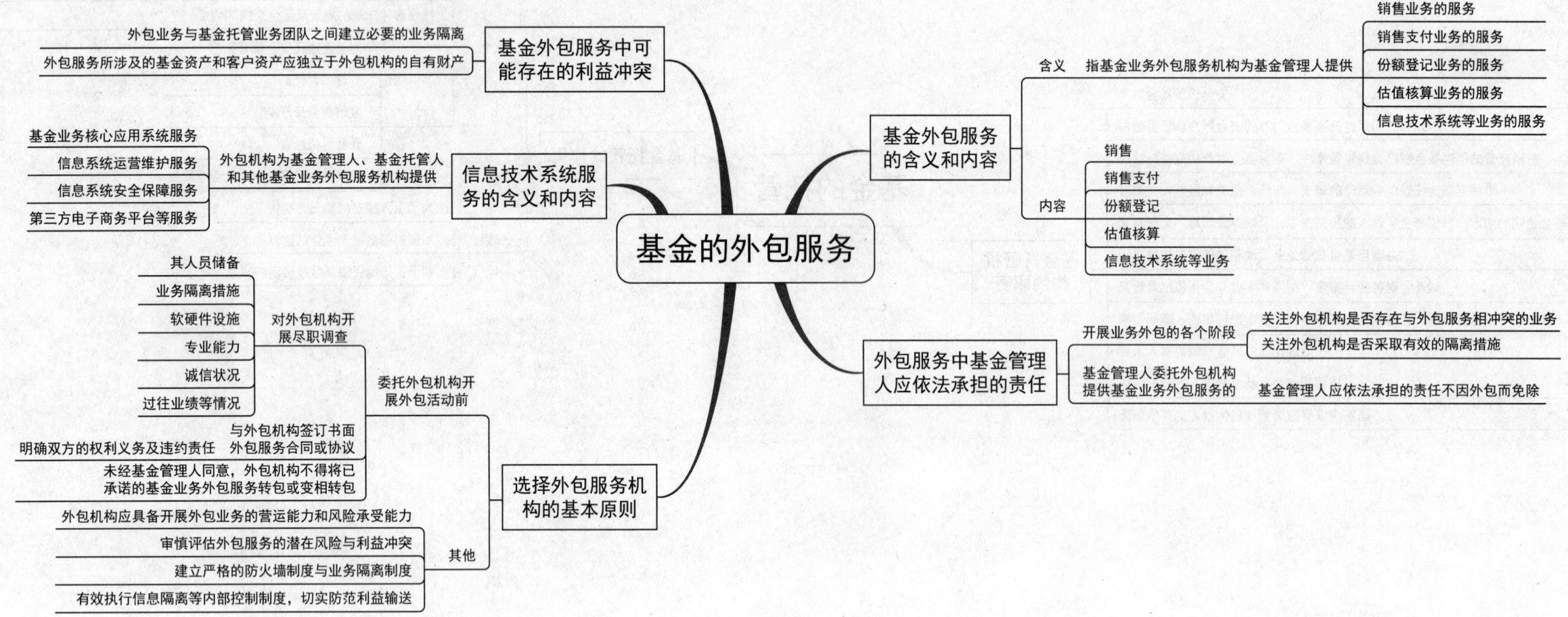

第八节 基金业绩评价

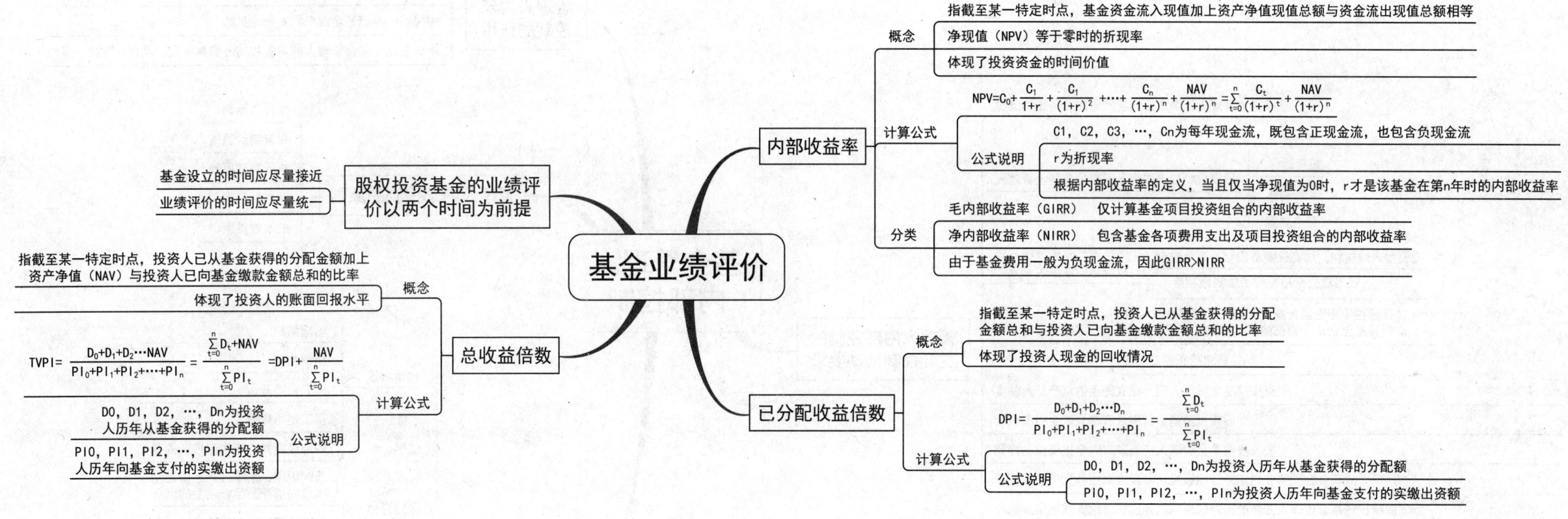

第九节 基金管理人内部控制

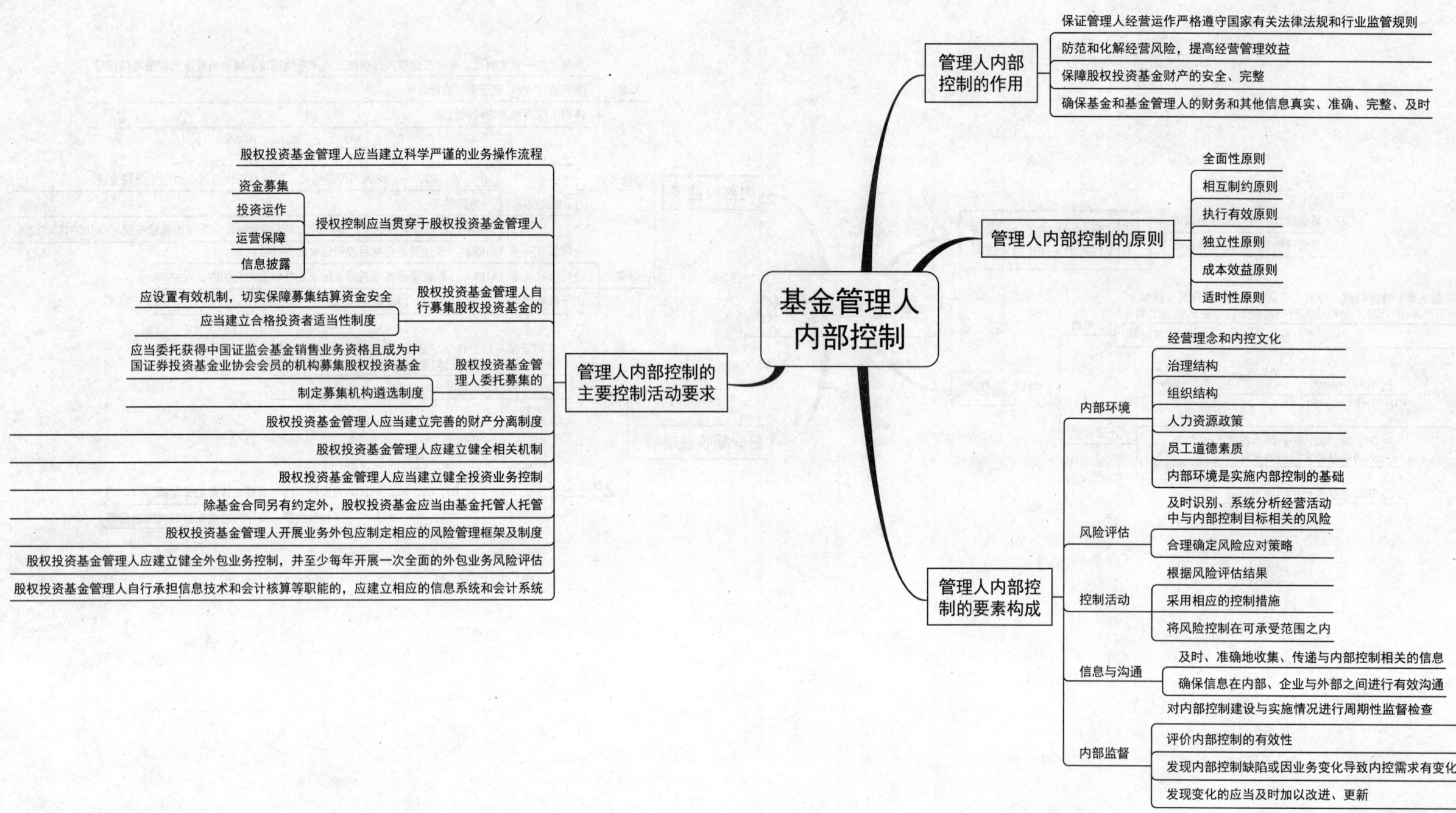

第九章 行政监管

第一节 行政监管概述

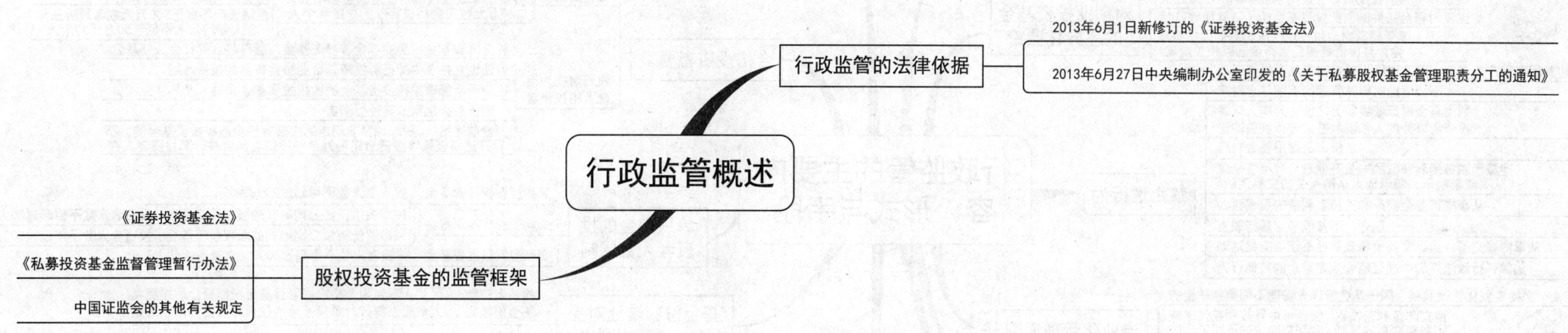

第二节 行政监管的主要内容、形式与手段

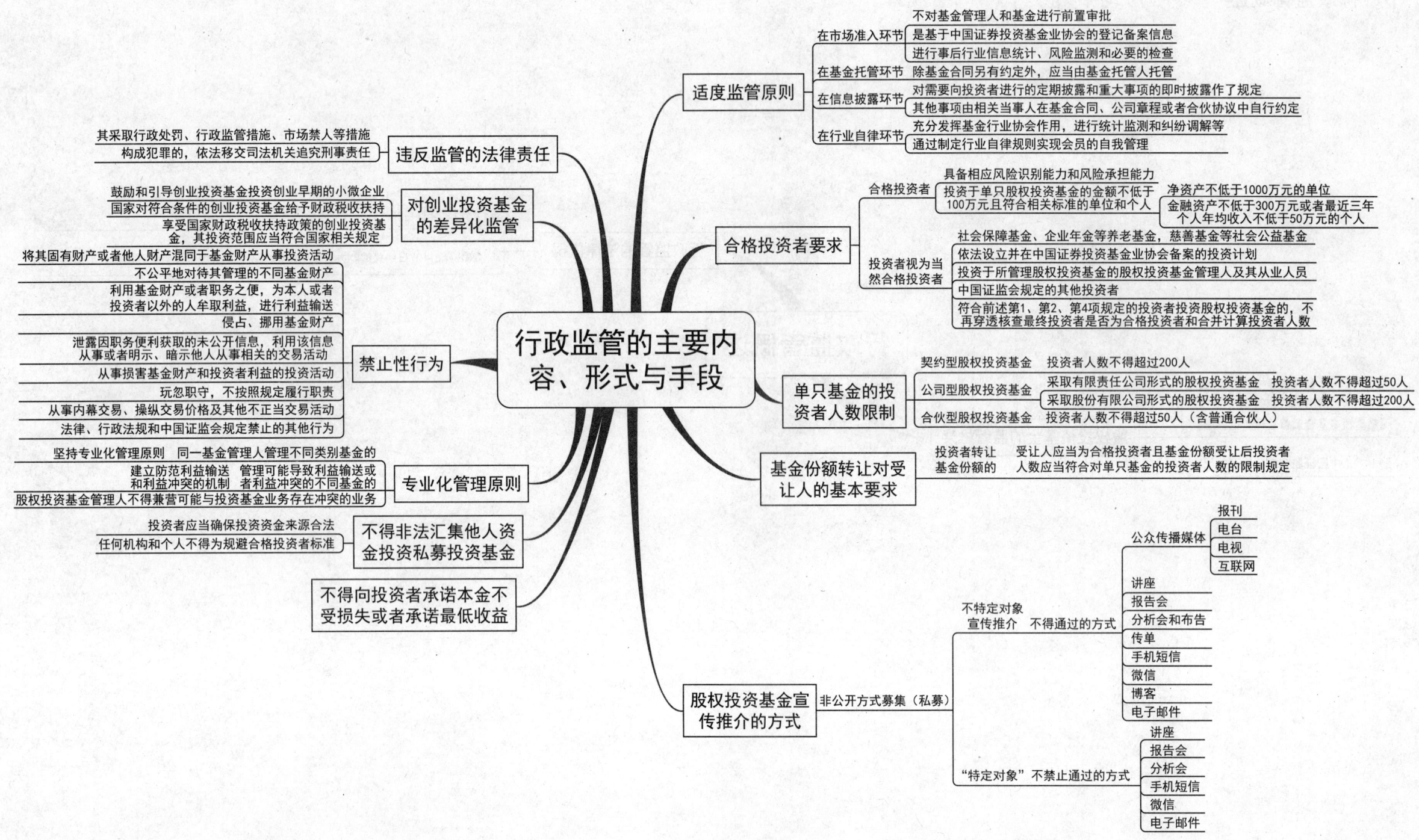

第三节 其他相关法规制度

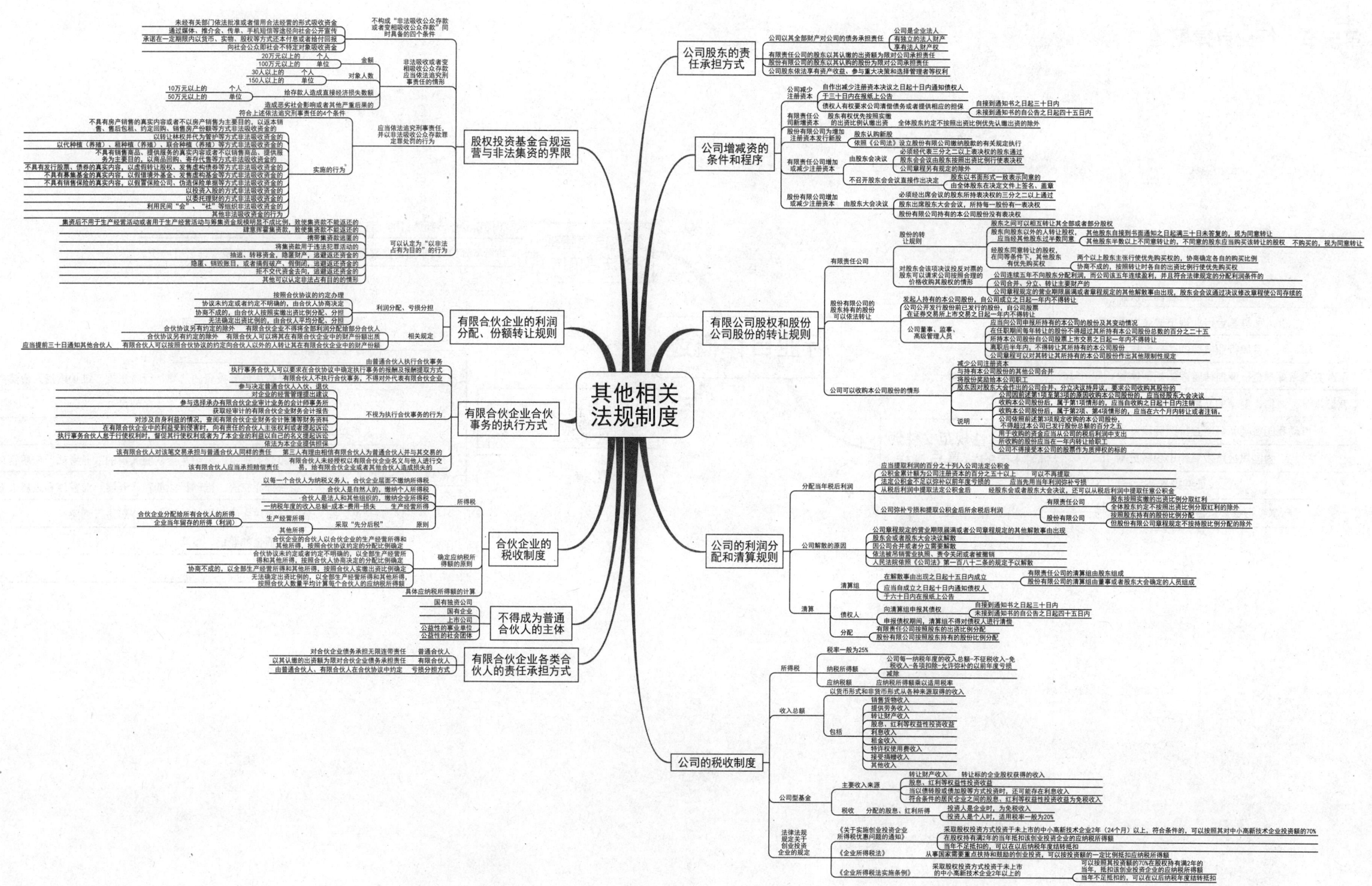

第十章 行业自律管理

第一节 行业自律概述

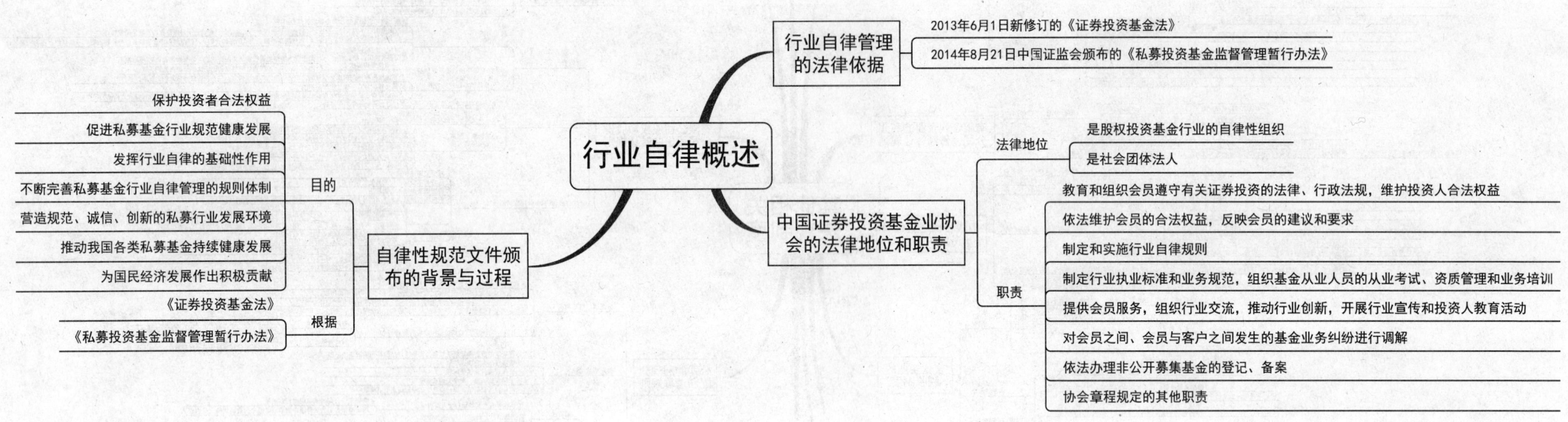

第二节 登记备案管理

登记备案管理

登记备案的流程

- 基金管理人申请私募基金管理人登记
  - 提交的信息
    - 应当通过私募基金登记备案系统
    - 工商登记和营业执照正副本复印件
    - 公司章程或者合伙协议
    - 主要股东或者合伙人名单
    - 高级管理人员的基本信息
    - 中国证券投资基金业协会规定的其他信息
  - 向中国证券投资基金业协会报送的基本信息
    - 主要投资方向及根据主要投资方向注明的基金类别
    - 基金合同、公司章程或者合伙协议
    - 采取委托管理方式的，应当报送委托管理协议
    - 中国证券投资基金业协会规定的其他信息

未登记备案对股权投资基金开展投资业务的影响

- 基金管理人未经登记不得开展
  - 股权投资基金管理业务
  - 股权投资基金募集业务
- 未登记备案的股权投资基金所投资项目将会受到限制的
  - 新三板挂牌
  - 定增
  - 并购重组
  - 首次公开发行

基金管理人登记法律意见书的律师及律师事务所资质问题

- 对出具意见书的律师事务所
  - 无特殊的资质要求
  - 可以申请成为中国证券投资基金业协会会员
  - 中国证券投资基金业协会未就律师事务所入会作出强制性要求
- 基金服务机构的律师事务所

基金管理人登记法律意见书的内容

- 申请机构
  - 申请机构是否依法在中国境内设立并有效存续
  - 申请机构的工商登记文件所记载的经营范围是否符合国家相关法律法规的规定
  - 申请机构是否符合《私募投资基金监督管理暂行办法》第二十二条规定
  - 申请机构股东的股权结构情况
  - 申请机构是否具有实际控制人
  - 申请机构是否存在子公司
  - 申请机构是否按规定具有开展私募基金管理业务所需的从业人员、营业场所、资本金等企业运营基本设施和条件
  - 申请机构是否已制定风险管理和内部控制制度
  - 申请机构是否与其他机构签署基金外包服务协议，说明其外包服务协议情况及是否存在潜在风险
  - 申请机构的高管人员是否具备基金从业资格，高管岗位设置是否符合中国证券投资基金业协会的要求
  - 是否受到刑事处罚、金融监管部门行政处罚或者被采取行政监管措施
  - 申请机构及其高管人员是否受到行业协会的纪律处分
  - 是否在资本市场诚信数据库中存在负面信息
  - 是否被列入失信被执行人名单
  - 是否被列入全国企业信用信息公示系统的经营异常名录或严重违法企业名录
  - 是否在"信用中国"网站上存在不良信用记录等
  - 申请机构最近三年涉诉或仲裁的情况
  - 申请机构向中国证券投资基金业协会提交的登记申请材料是否真实、准确、完整
- 经办执业律师及律师事务所认为需要说明的其他事项

基金管理人备案股权投资基金的时间要求

- 备案：在私募基金募集完毕后20个工作日内
- 办结登记手续：基金管理人提供的登记申请材料完备的，应当自收齐登记材料之日起20个工作日内
- 将注销该基金管理人登记：新登记的股权投资基金管理人在办结登记手续之日起6个月内仍未备案首只私募基金产品的

因未备案首只私募基金产品而被注销管理人登记的后果

- 若因真实业务需要可以要求重新申请私募基金管理人登记
- 对符合要求的申请机构通过在官方网站公示私募基金管理人基本情况的方式再次办结登记手续

基金管理人的信息报送义务

- 及时履行信息报送义务
  - 股权投资基金管理人
  - 通过私募基金登记备案系统
  - 及时履行季度、年度和重大事项信息报送更新等信息报送义务
- 违反信息报送义务的处罚
  - 中国证券投资基金业协会将其列入异常机构名单，通过基金管理人公示平台对外公示，并暂停受理该机构的私募基金产品备案申请的已登记的基金管理人存在的情况
    - 基金管理人未按时履行季度、年度和重大事项信息报送更新义务累计达2次的
    - 已登记的基金管理人因违反《企业信息公示暂行条例》相关规定，被列入企业信用信息公示系统严重违法企业公示名单的
    - 已登记的基金管理人未按要求提交经审计的年度财务报告的
  - 中国证券投资基金业协会将不予登记的新申请基金管理人登记的机构存在的情况
    - 新申请基金管理人登记的机构被列入企业信用信息公示系统严重违法企业公示名单的
    - 成立满一年但未提交经审计的年度财务报告的
  - 管理人被列为异常机构的后果
    - 一旦私募基金管理人作为异常机构公示，即使整改完毕，至少6个月后才能恢复正常机构公示状态

基金管理人提交年度财务报告的要求

- 按时提交经审计的年度财务报告
  - 应当于每年度4月底之前
  - 通过私募基金登记备案系统填报经会计师事务所审计的年度财务报告
- 违反财务报告提交义务的处罚
  - 已登记的管理人未按要求提交的，完成整改之前，协会暂停受理该机构的产品备案，并列入异常机构名单
  - 异常机构整改完毕后至少6个月才能恢复正常机构公示状态
  - 新申请登记的管理人成立满一年未提交经审计的年度财务报告的，协会将不予登记

法律意见书要求出台的背景

- 目前大量申请股权投资基金管理人登记的机构欠缺诚信约束
- 引入法律中介机构的监督和约束，本身就是股权投资基金行业自律和社会监督的重要力量

第三节 募集管理办法

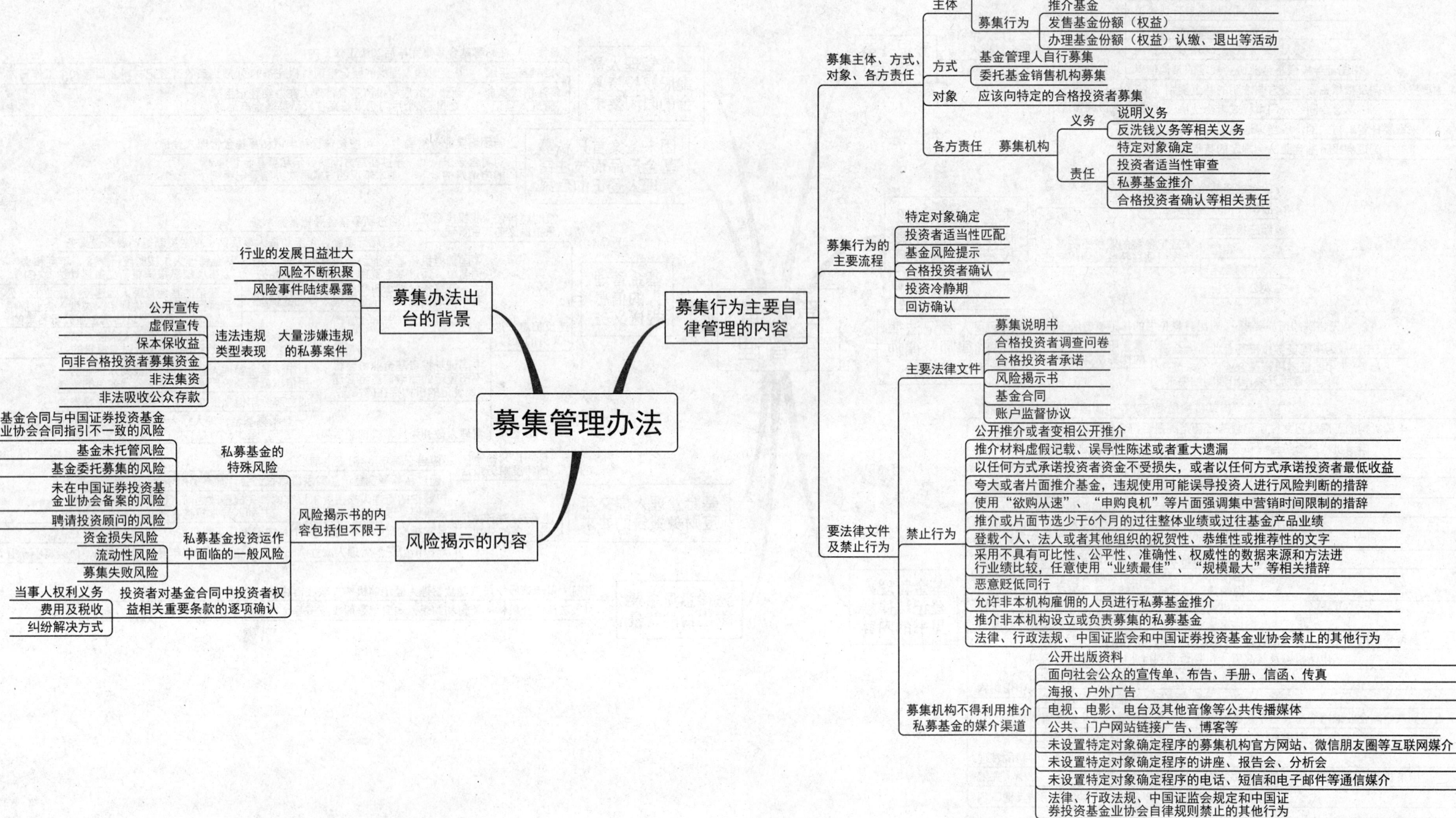

第四节 信息披露管理办法

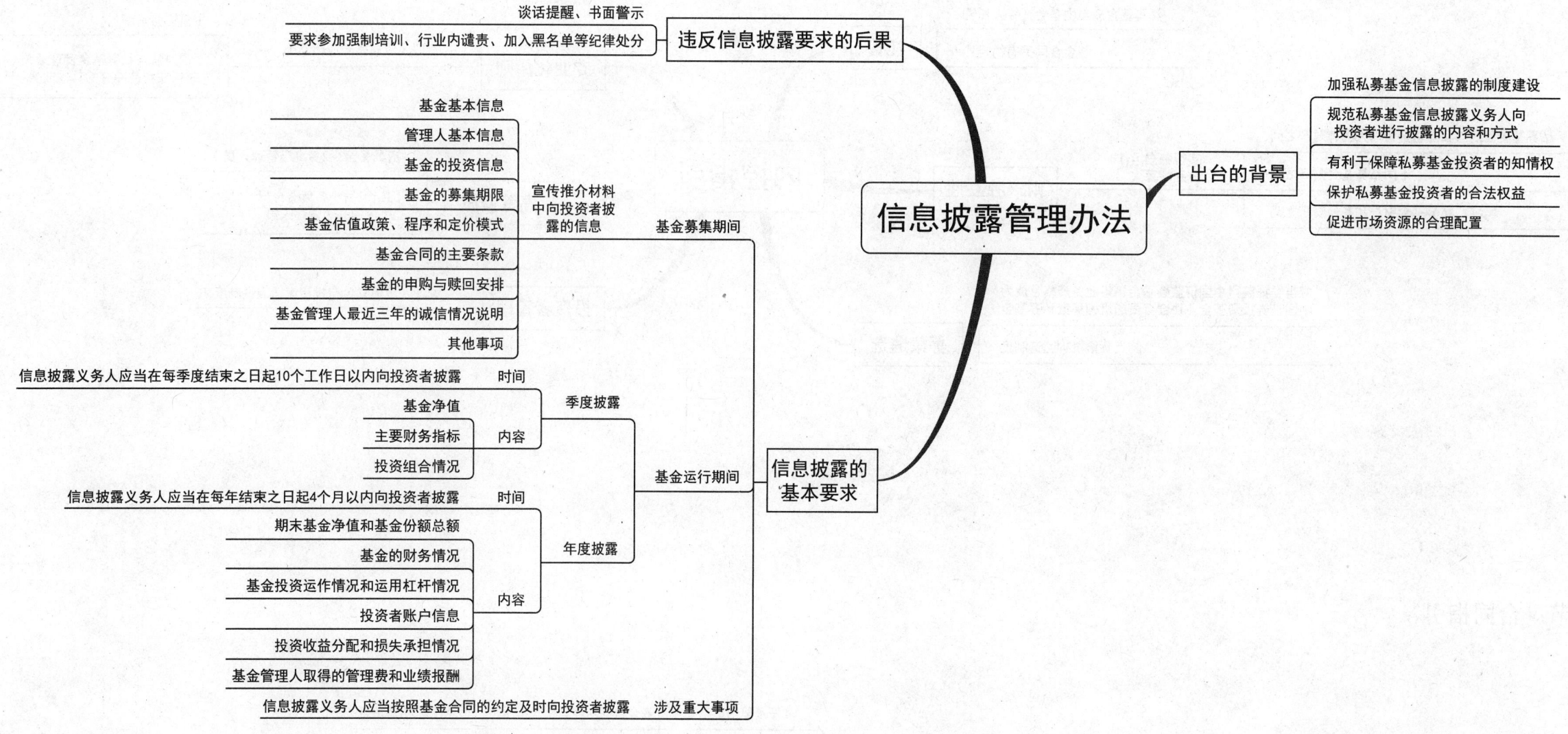

第五节 内控指引

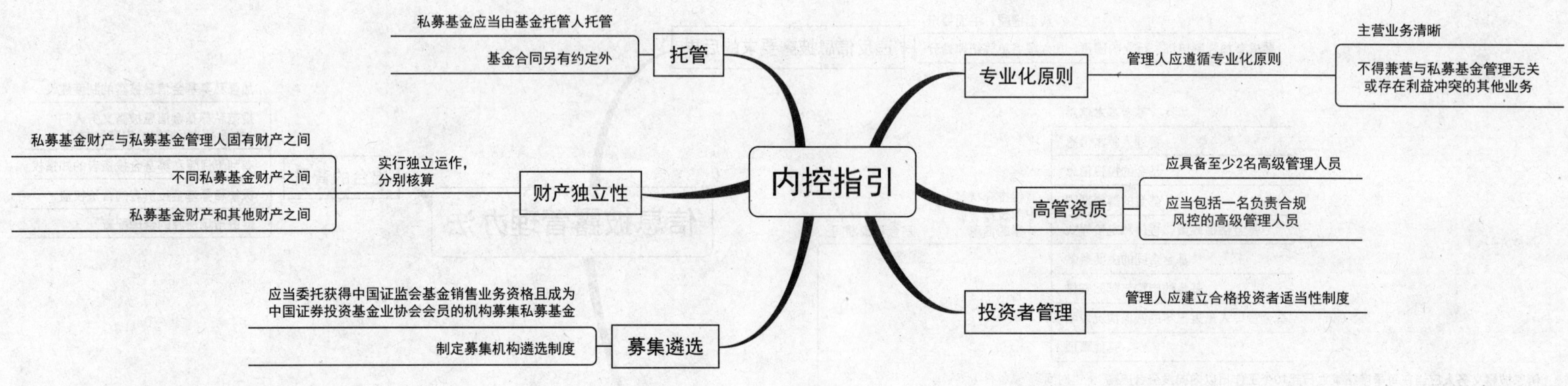

第六节 合同指引

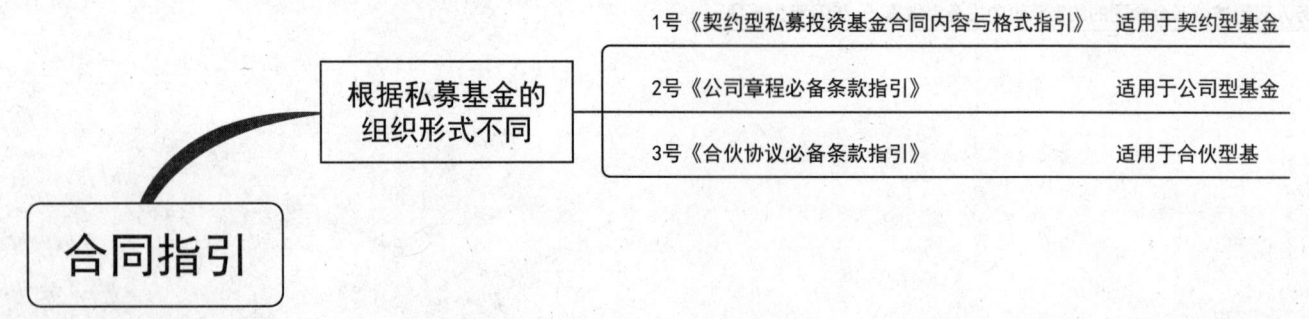

第七节 外包和托管

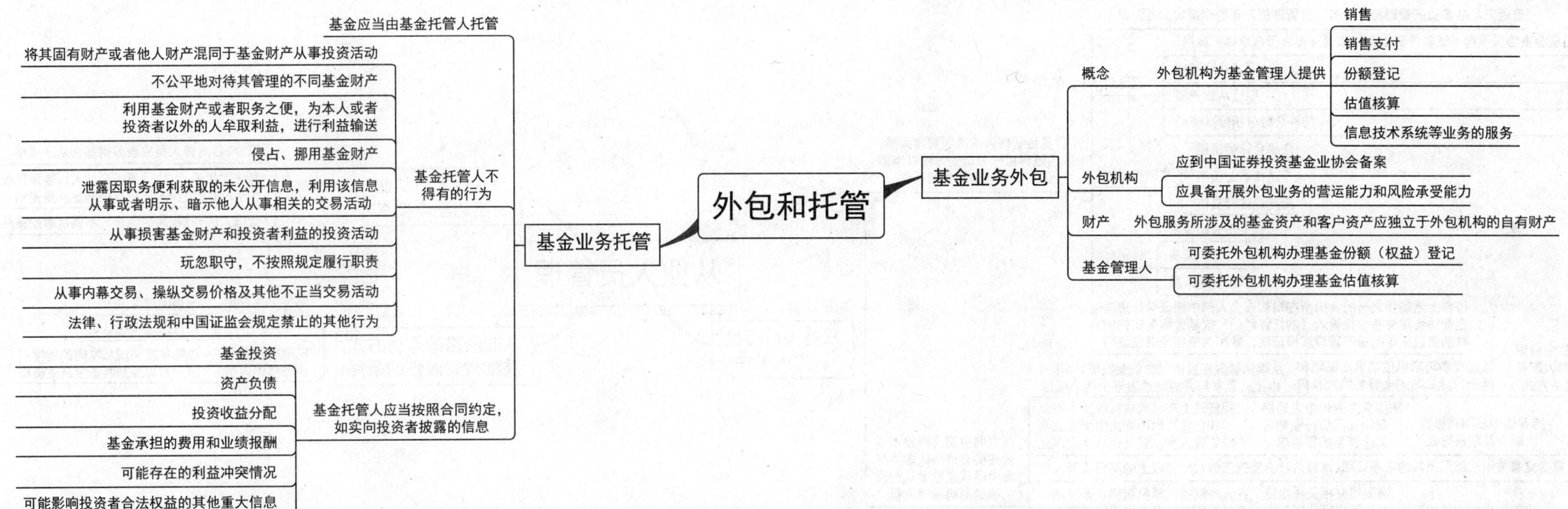

第八节 从业人员管理

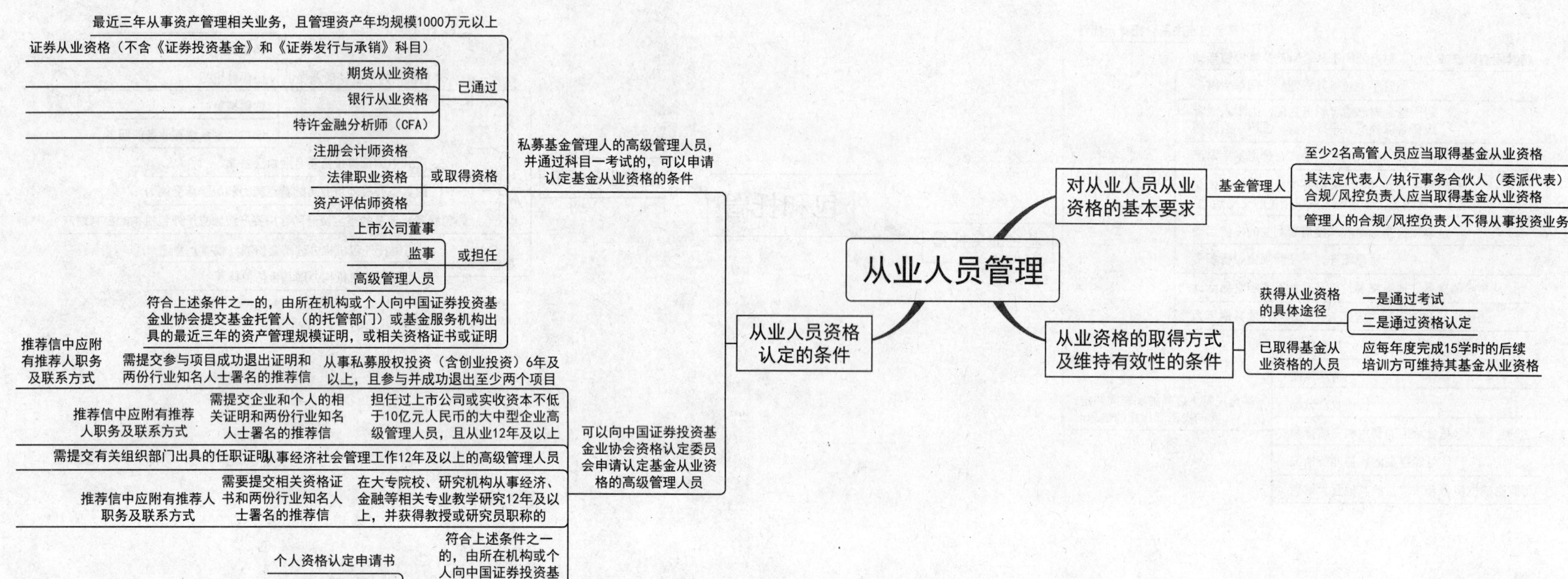

第十一章 国家法律

中华人民共和国证券投资基金法(2015年修正)

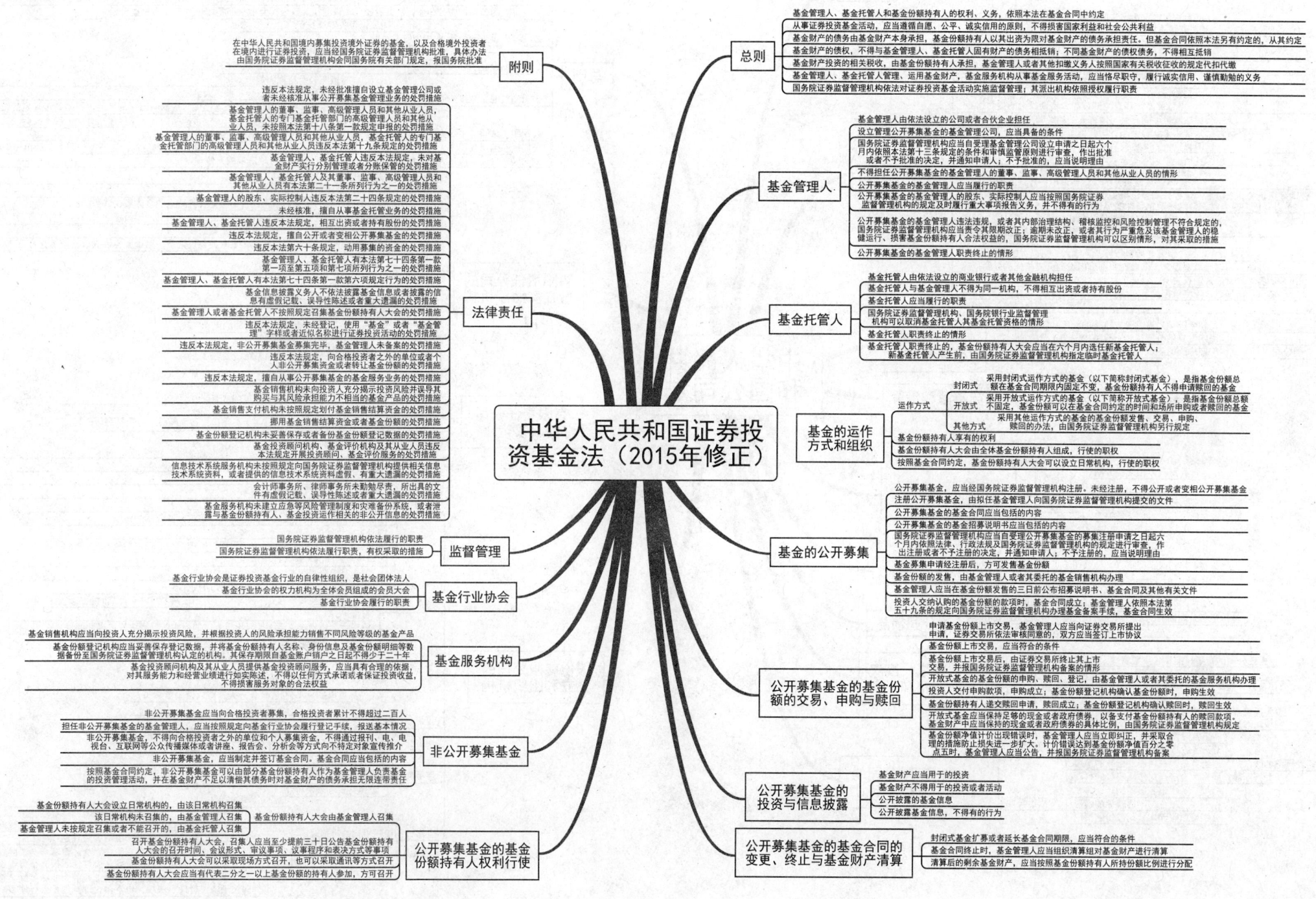

中华人民共和国公司法

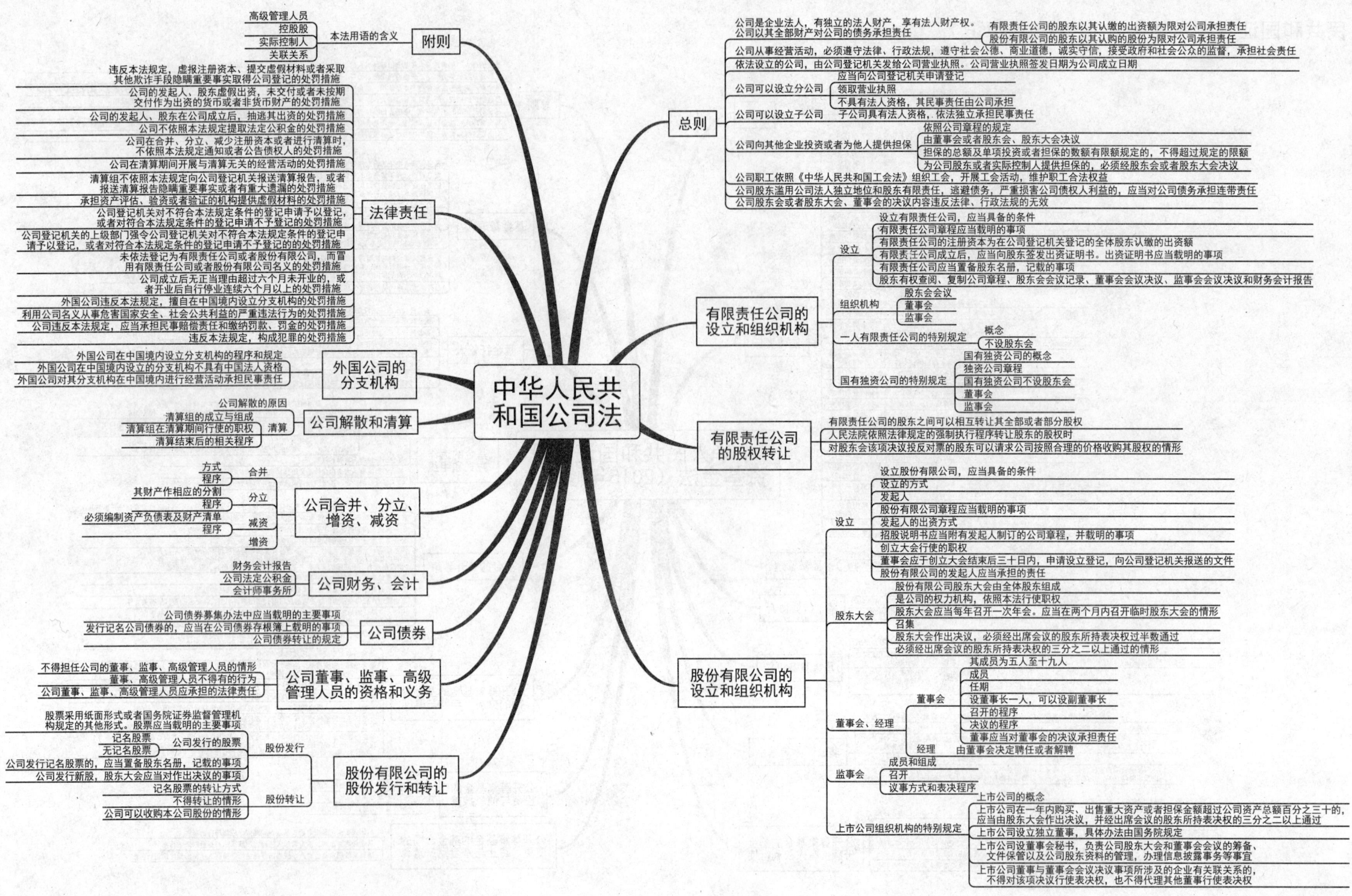

最新合伙企业法全文（2017最新版本）

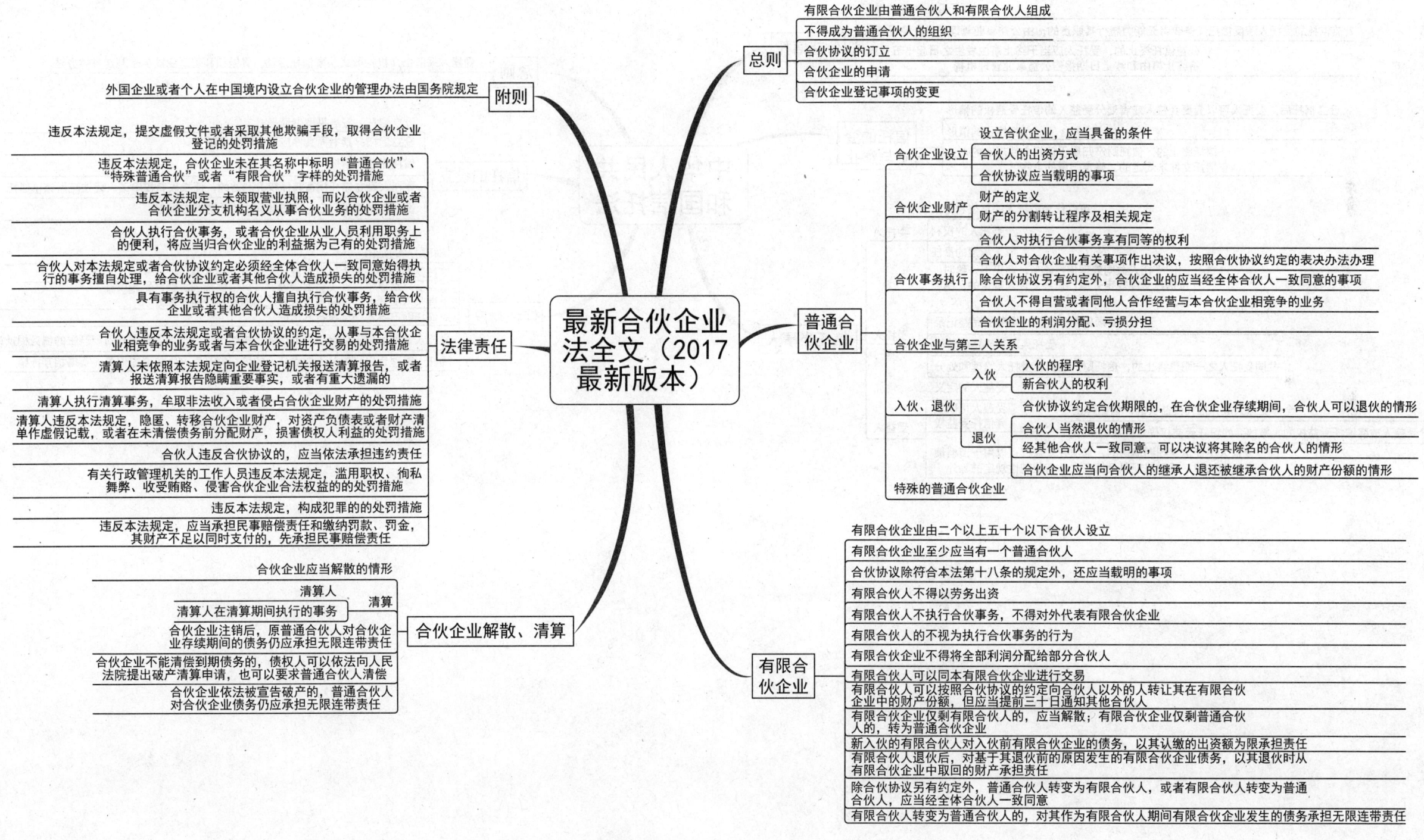

中华人民共和国信托法

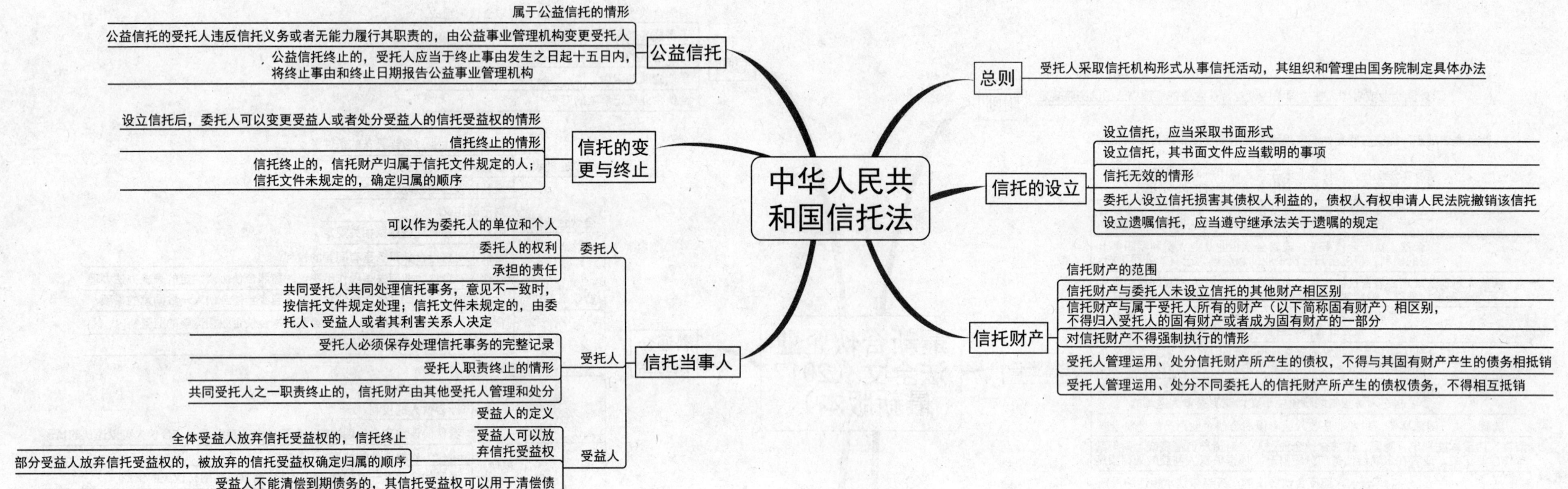

第十二章 证监会部门规章

私募投资基金监督管理暂行办法

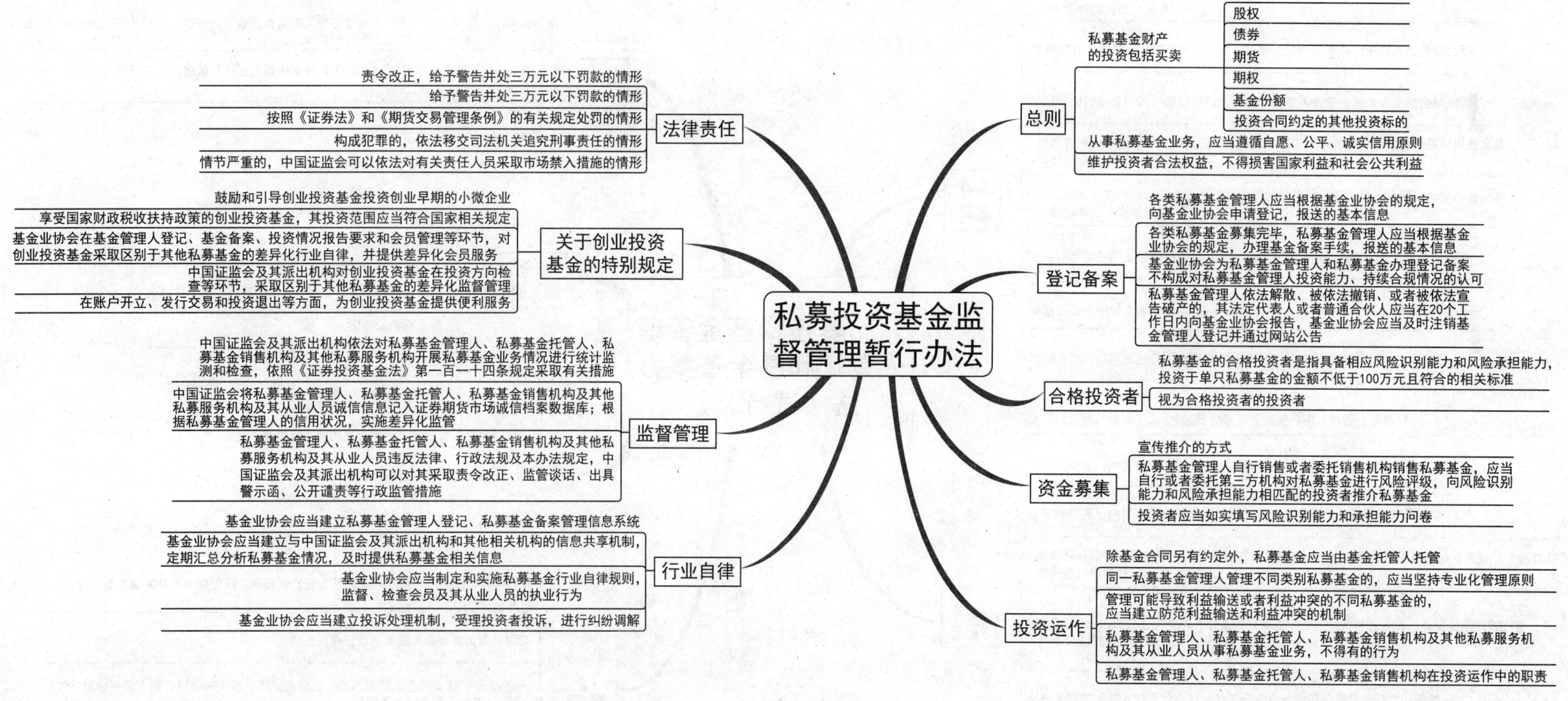

第十三章 协会自律规则

《私募投资基金管理人登记和基金备案办法（试行）》全文

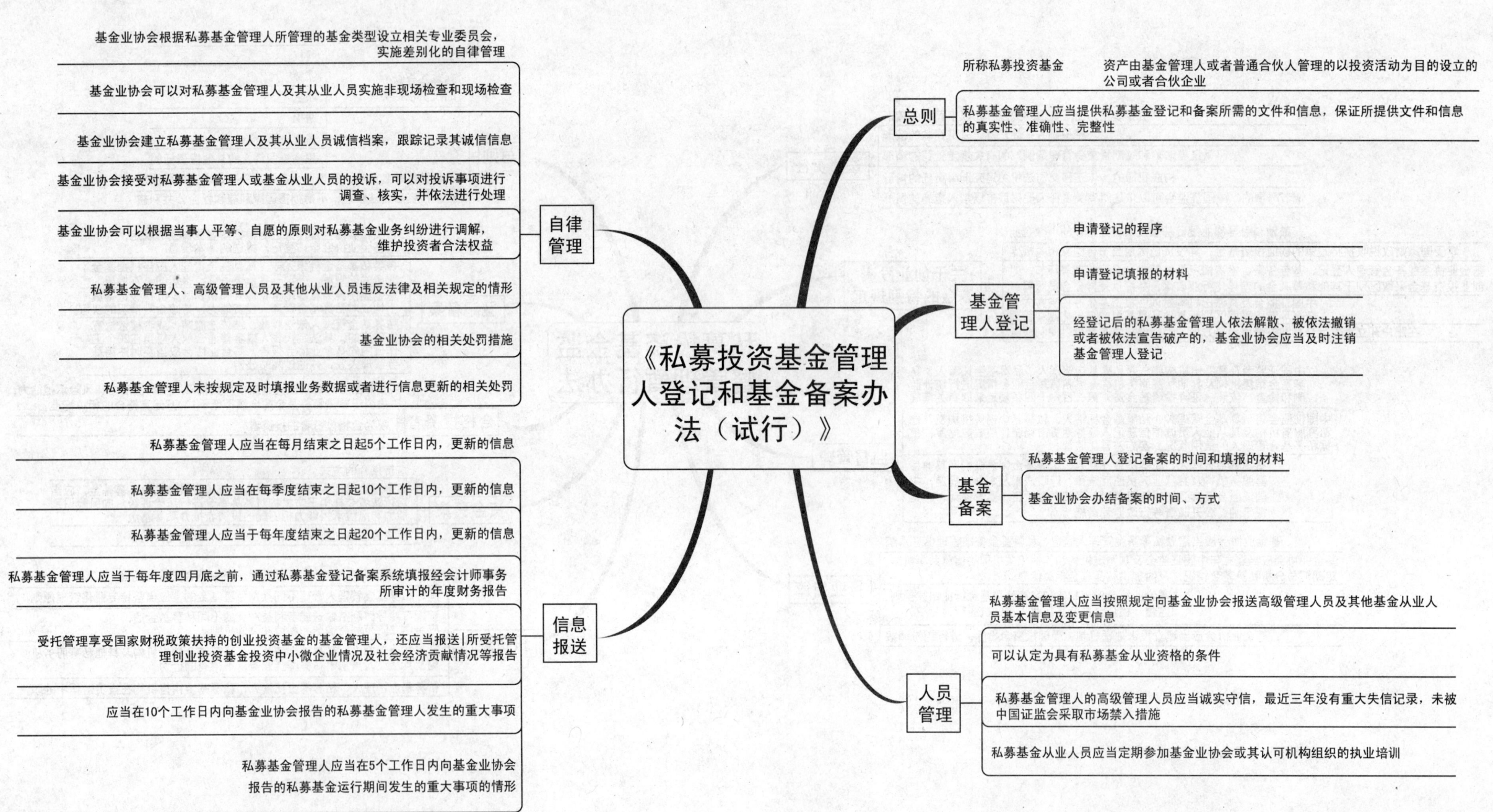

私募投资基金管理人内部控制指引

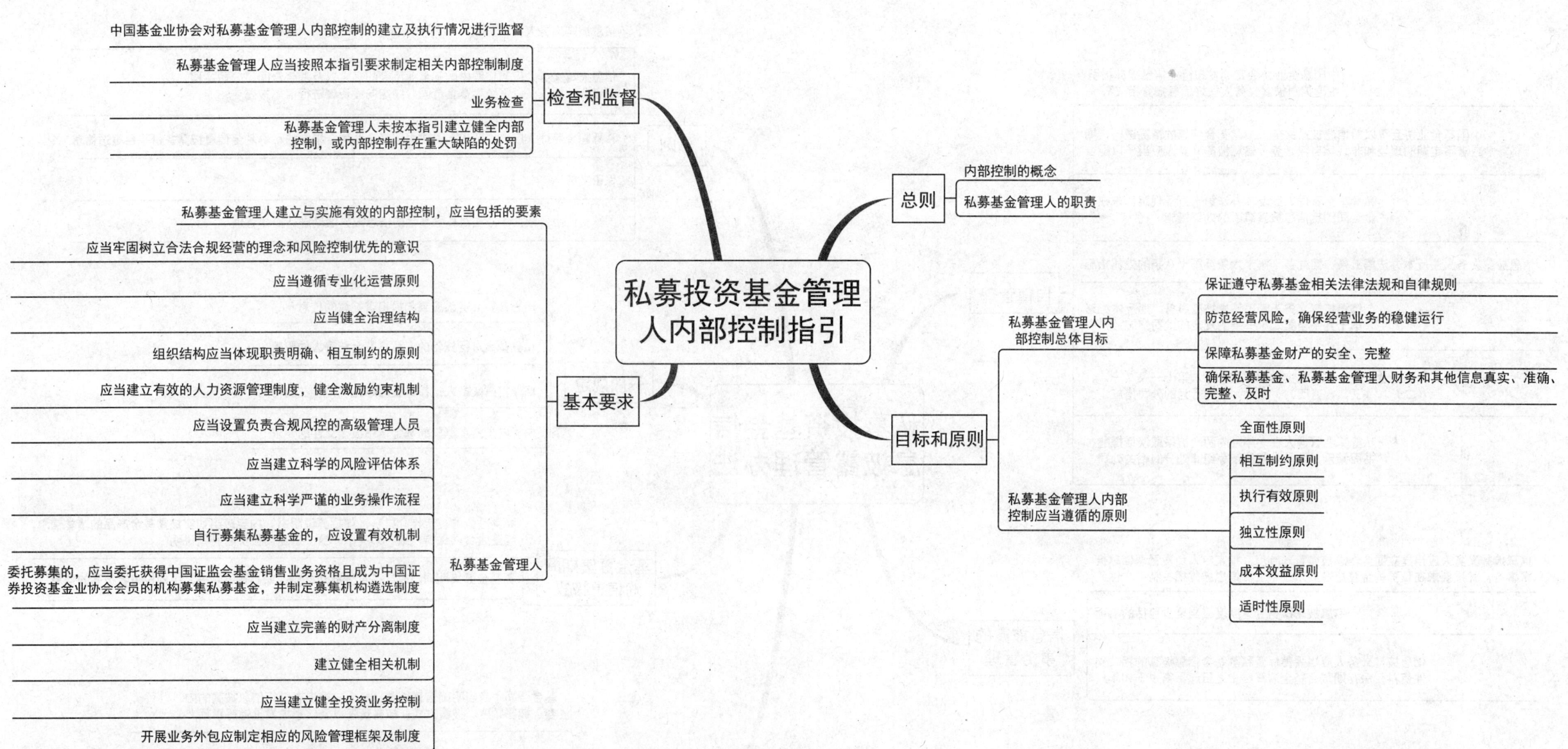

私募投资基金信息披露管理办法

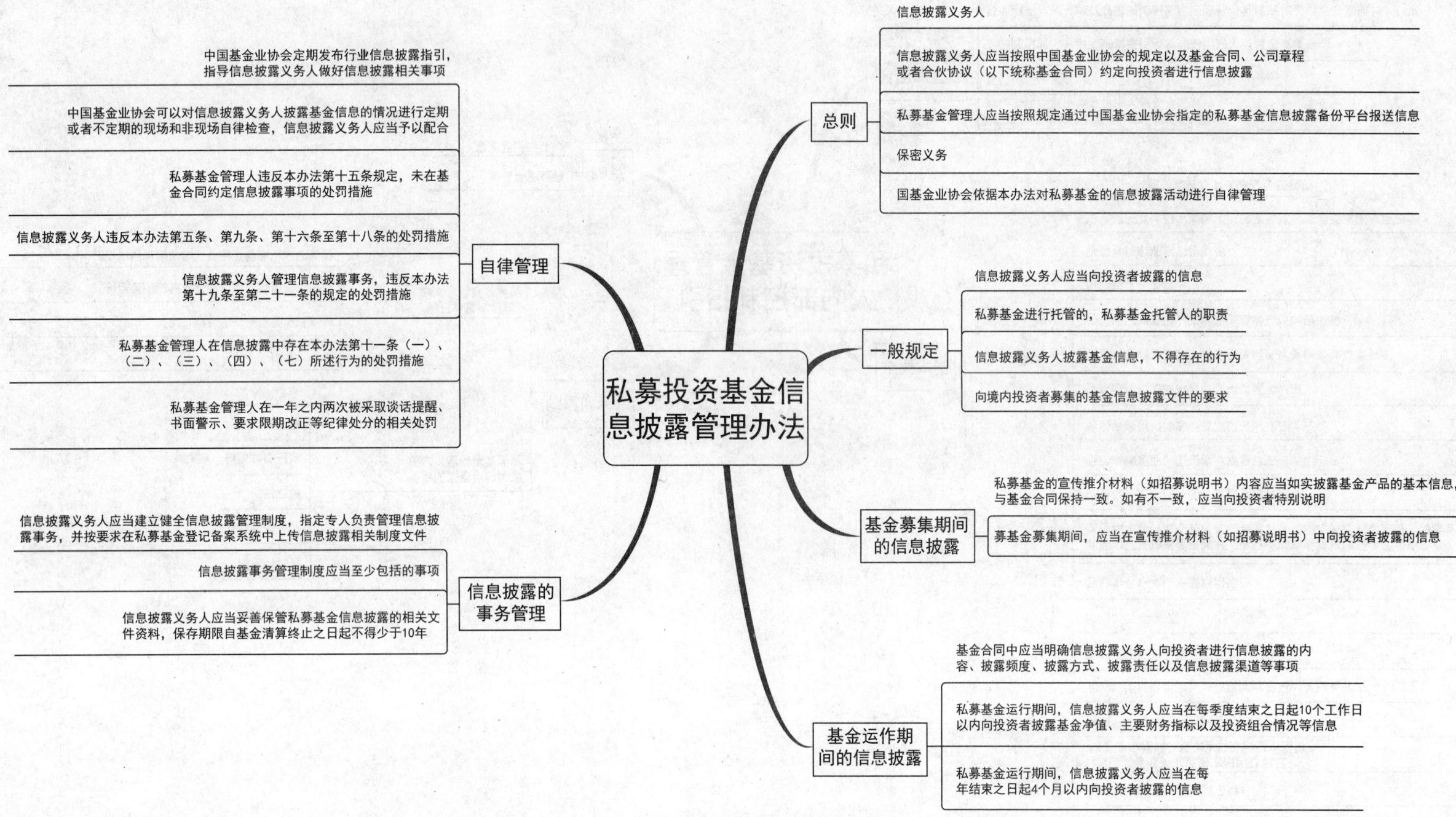

私募投资基金信息披露内容与格式指引 1 号（适用于私募证券投资基金）

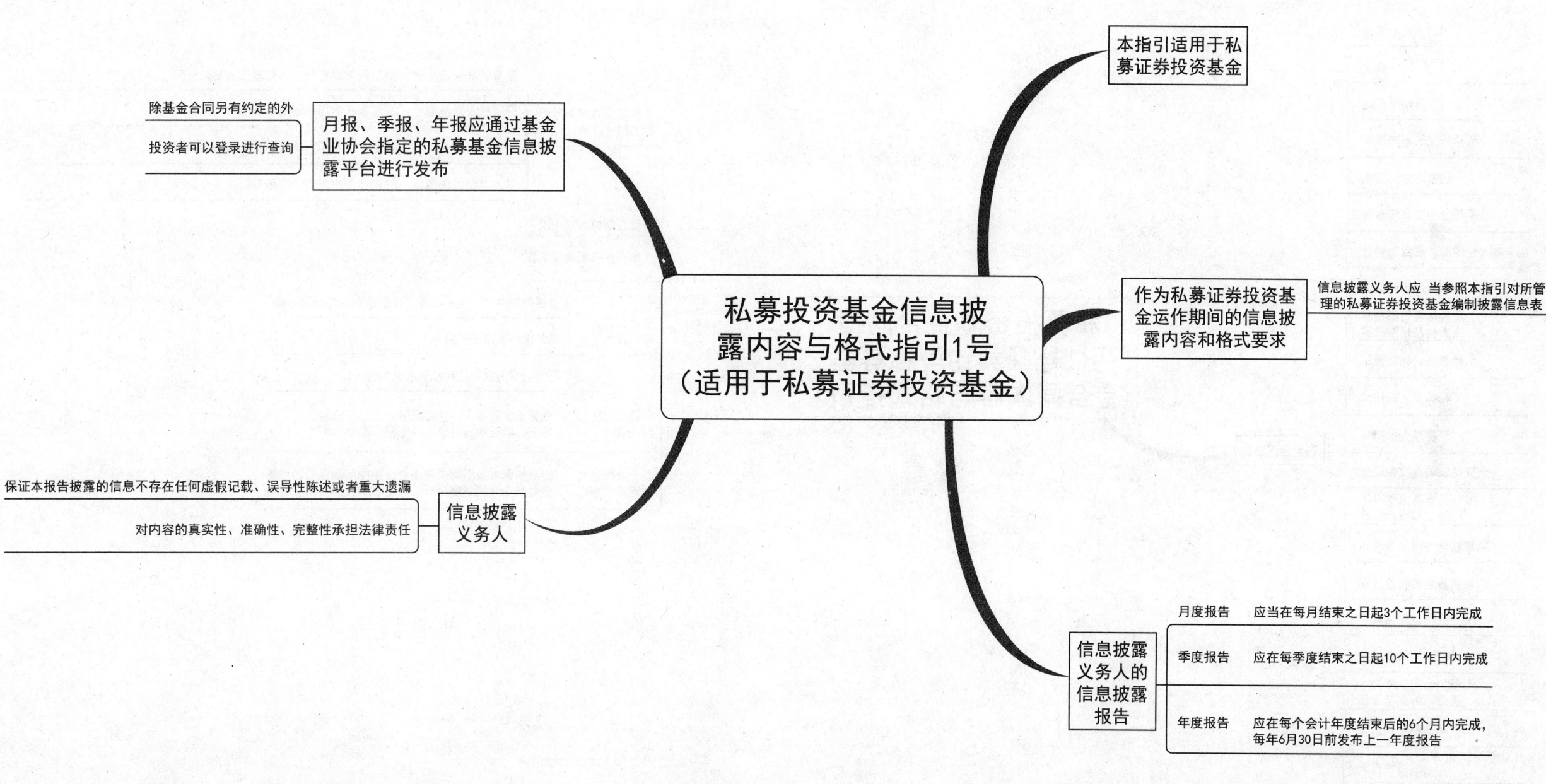

私募投资基金合同指引 1 号（契约型私募基金合同内容与格式指引）

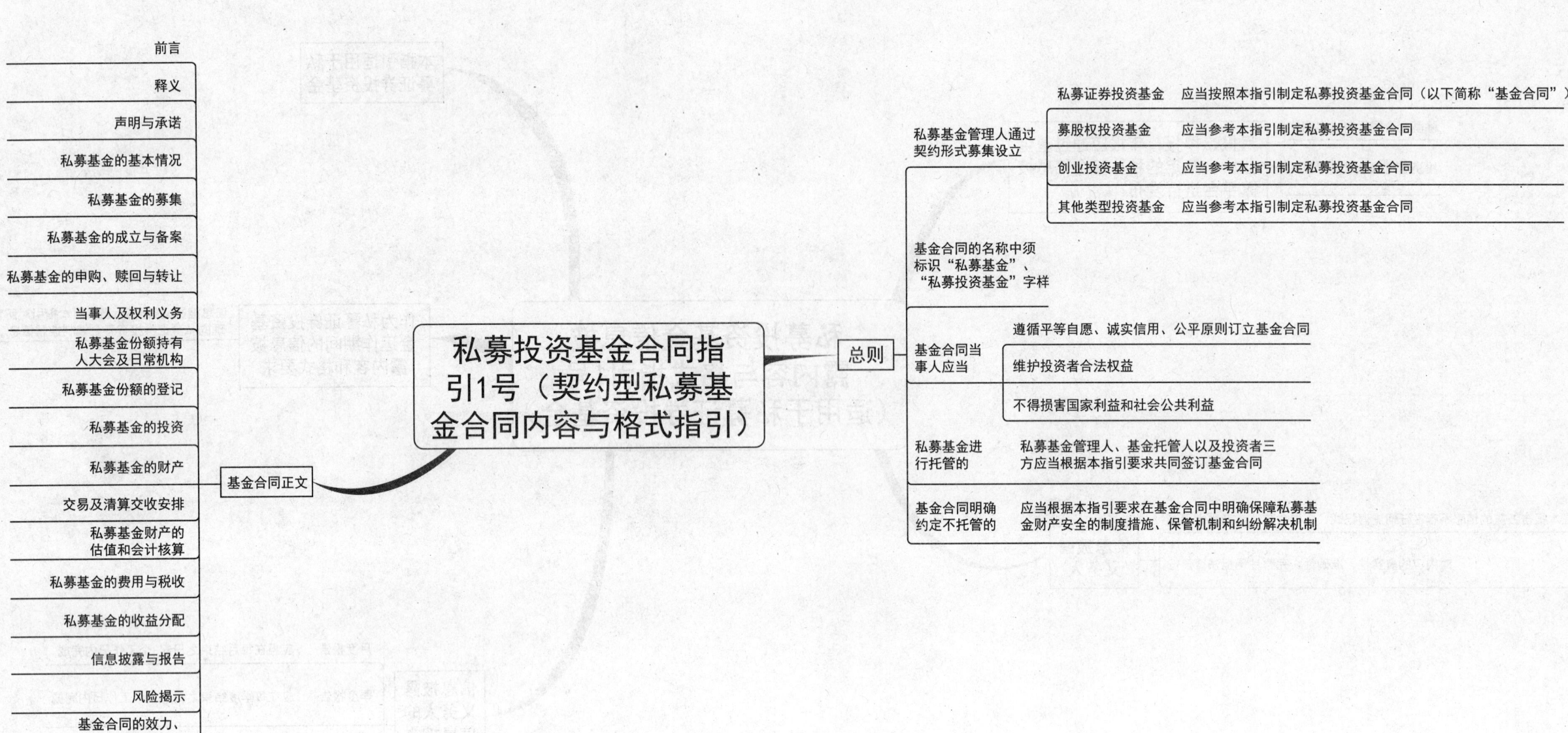

私募投资基金合同指引2号（公司章程必备条款指引）

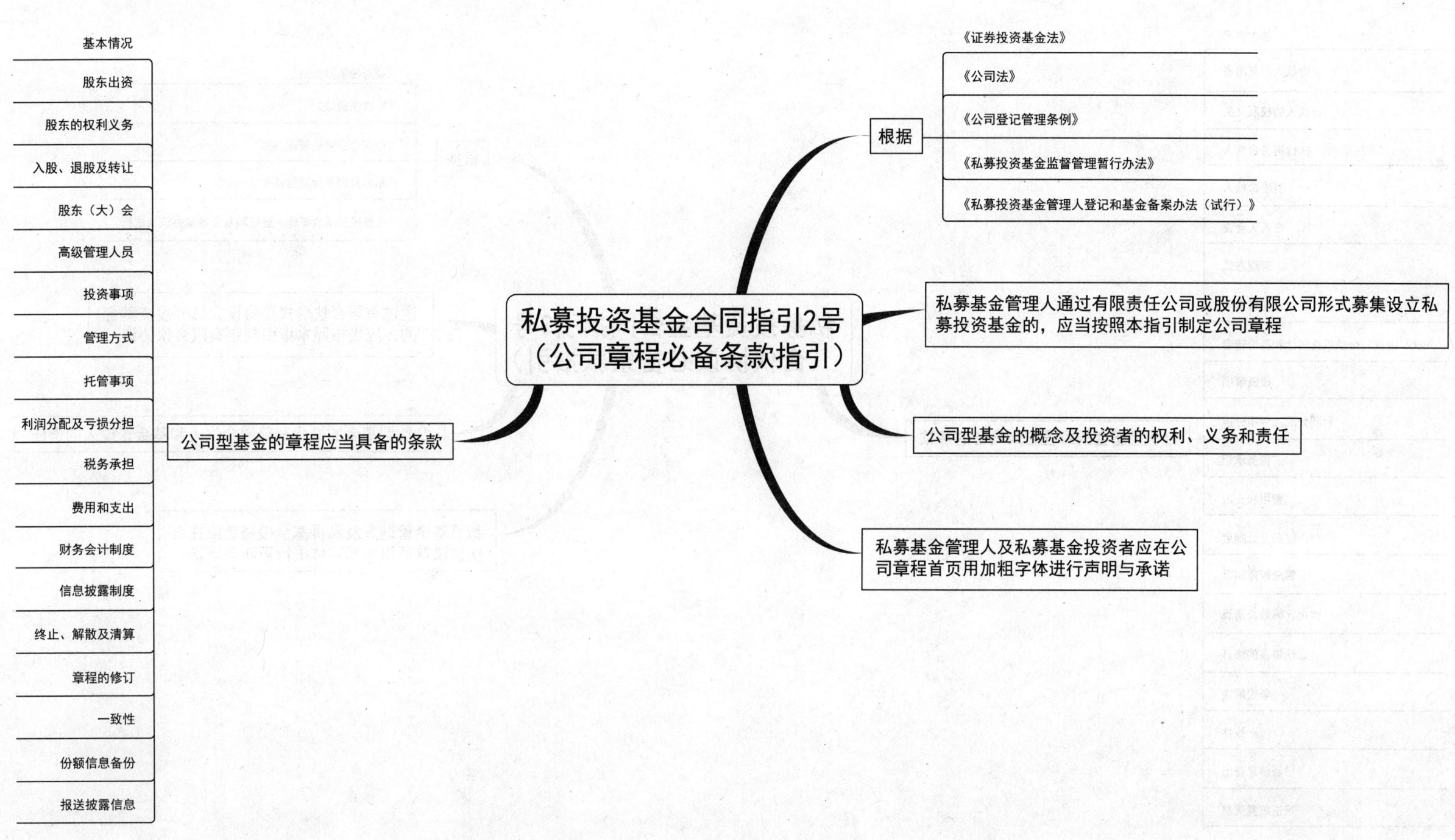

私募投资基金合同指引3号（合伙协议必备条款指引）

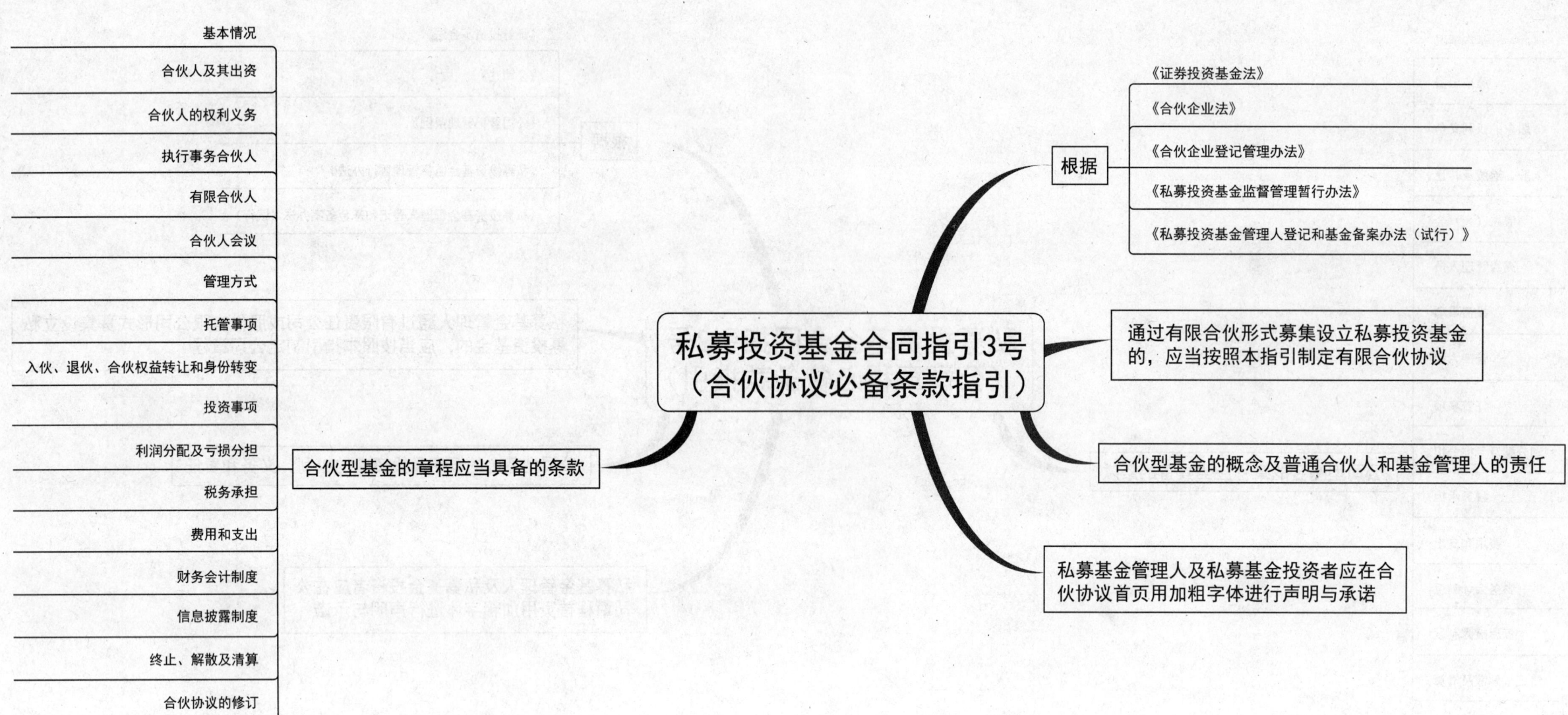

私募投资基金募集行为管理办法

私募投资基金募集行为管理办法

总则
- 适用本办法的范围
- 从事私募基金募集业务的人员应当具有基金从业资格（包含原基金销售资格），应当遵守法律、行政法规和中国基金业协会的自律规则，恪守职业道德和行为规范，应当参加后续执业培训
- 中国基金业协会依照法律法规、中国证监会相关规定及中国基金业协会自律规则，对私募基金募集活动实施自律管理

一般规定
- 募集机构的义务和责任
- 私募基金管理人的责任与义务
- 涉及私募基金募集结算资金专用账户开立、使用的机构不得将私募基金募集结算资金归入其自有财产
- 禁止任何单位或者个人以任何形式挪用私募基金募集结算资金。私募基金管理人、基金销售机构、基金销售支付机构或者基金份额登记机构破产或者清算时，私募基金募集结算资金不属于其破产财产或者清算财产
- 私募基金募集应当履行的程序

特定对象的确定
- 募集机构仅可以通过合法途径公开宣传
  - 私募基金管理人的品牌
  - 发展战略
  - 投资策略
  - 管理团队
  - 高管信息
  - 由中国基金业协会公示的已备案私募基金的基本信息
- 募集机构应当向特定对象宣传推介私募基金。未经特定对象确定程序，不得向任何人宣传推介私募基金
- 在向投资者推介私募基金之前，募集机构应当采取问卷调查等方式履行特定对象确定程序
- 投资者的评估结果有效期
- 问卷调查主要内容应包括但不限于的方面
- 在线特定对象确定的程序

私募基金推介
- 募集机构应当自行或者委托第三方机构对私募基金进行风险评级，建立科学有效的私募基金风险评级标准和方法
- 私募基金推介材料应由私募基金管理人制作并使用
- 私募基金推介材料内容
- 募集机构及其从业人员推介私募基金时，禁止有的行为
- 募集机构推介私募基金不得通过的媒介渠道

合格投资者确认及基金合同签署
- 风险揭示书的内容
- 在完成私募基金风险揭示后，募集机构应当要求投资者提供必要的资产证明文件或收入证明
- 根据《私募办法》，私募基金的合格投资者具备相应风险识别能力和风险承担能力，投资于单只私募基金的金额不低于100万元且符合的相关标准
- 各方应当在完成合格投资者确认程序后签署私募基金合同
- 回访应当包括但不限于的内容
- 基金合同应当约定，投资者在募集机构回访确认成功前有权解除基金合同。出现前述情形时，募集机构应当按合同约定及时退还投资者的全部认购款项
- 私募基金投资者可以不适用本办法第十七条至第二十一条、第二十六条至第三十一条的规定的情形

自律管理
- 中国基金业协会可以按照相关自律规则，对会员及登记机构的私募基金募集行为合规性进行定期或不定期的现场和非现场自律检查，会员及登记机构应当予以配合
- 募集机构在开展私募基金募集业务过程中违反本办法第六条至第十四条、第十七条至第二十条、第二十二条至第二十三条、第二十六条的规定的处罚措施
- 募集机构在开展私募基金募集业务过程中违反本办法第二十九条至第三十一条的规定的处罚措施
- 募集机构在开展私募基金募集业务过程中违反本办法第十六条、第二十一条、第二十四条、第二十五条、第二十七条、第二十八条的规定的处罚措施
- 募集机构在一年之内两次被采取谈话提醒、书面警示、要求限期改正等纪律处分的处罚措施

《关于进一步规范私募基金管理人登记若干事项的公告》

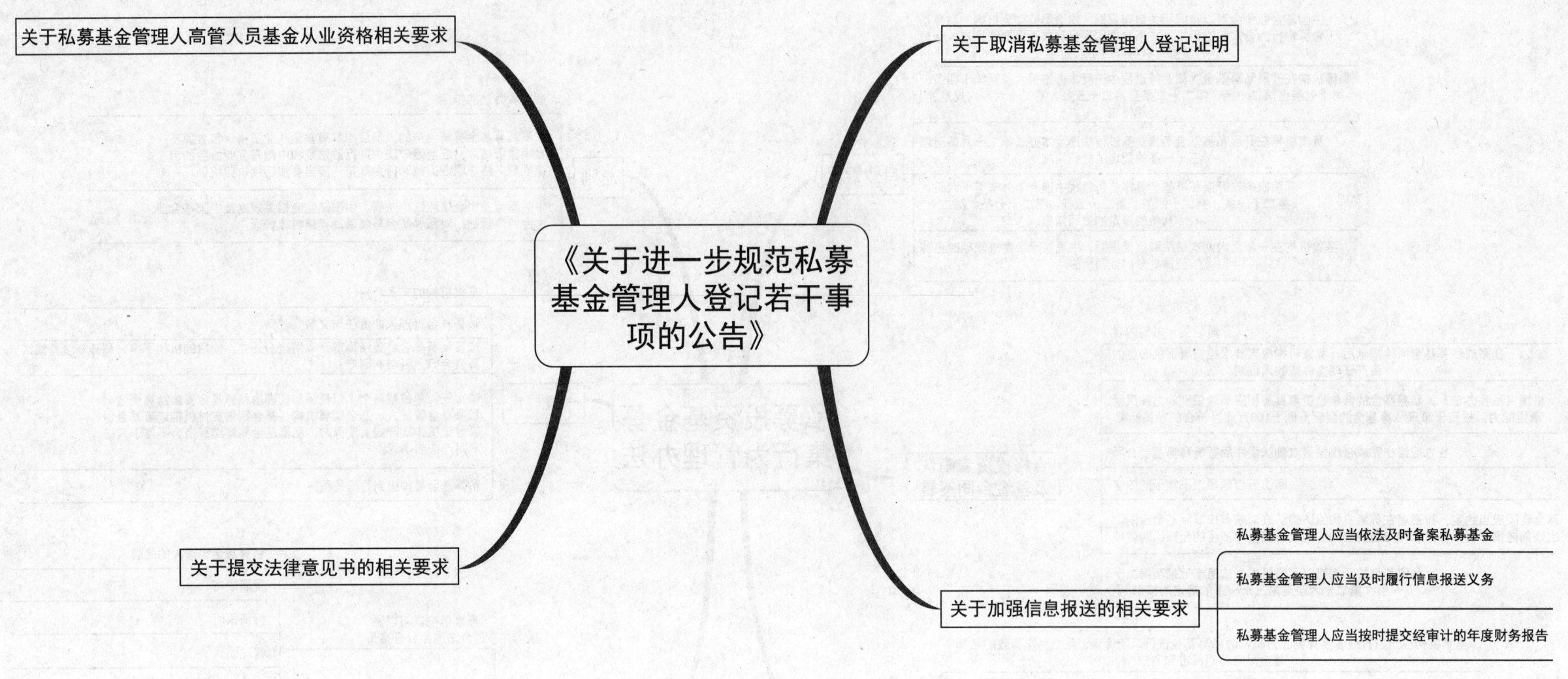

中国基金业协会负责人就发布《关于进一步规范私募基金管理人登记若干事项的公告》答记者问

中国基金业协会负责人就发布《关于进一步规范私募基金管理人登记若干事项的公告》答记者问

《公告》对私募基金管理人高管人员基金从业资格做出了要求的主要考虑
- 私募基金行业的高管人员是私募基金行业的精英,也是主要的自律监管对象和服务对象
- 私募基金行业高管人员的专业能力、职业操守和诚信记录决定了私募行业是否可以健康规范发展

《公告》对私募基金管理人高管人员基金从业资格的要求的特点
- 对从事非私募证券投资基金业务的私募基金管理人的高管人员资质要求作出了差异化安排
- 各类私募基金管理人的合规\风控负责人不得从事投资业务
- 修改完善了以认定方式取得基金从业资格的方式
- 要求私募基金管理人的高管人员每年度完成15学时的后续执业培训

《公告》要求私募基金管理人提交法律意见书的主要考虑
- 目前大量申请私募基金管理人登记的机构欠缺诚信约束,提交申请材料不真实、不准确、不完整
- 引入法律中介机构的监督和约束,本身就是私募基金行业自律和社会监督的重要力量

《公告》重申私募基金管理人应当及时履行信息报送义务的主要考虑
- 募基金管理人对信息持续报告制度存在不适应
- 私募行业整体统计数据不完整、不持续、甚至失真

《公告》提出加强私募基金管理人依法及时备案私募基金要求的主要考虑
- 近年来私募基金出现鱼龙混杂、良莠不齐的突出问题
- 《公告》提出的相关展业宽限期方案合法、合情、合理
- 申请机构应当在确有私募投资基金管理业务发展需要时,按规定履行私募基金管理人登记申请,切勿盲目跟风

两年来我国私募基金行业的整体情况
- 建立健全私募行业自律管理规则和标准
- 提升针对私募基金行业的服务水平
- 充分发挥行业自律的基础性作用

中国基金业协会如何看待涉及私募基金的各种问题和风险事件时有发生
- 滥用中国基金业协会的登记备案信息
- 私募基金行业鱼龙混杂、良莠不齐
- 有些机构法律意识淡薄、合规意识缺乏

中国基金业协会出台《关于进一步规范私募基金管理人登记若干事项的公告》的主要考虑
- 加强规范私募基金管理人登记相关事项
- 督促私募基金管理人恪尽职守
- 切实履行诚实信用、专业勤勉的受托人义务
- 促进私募基金行业规范健康发展
- 尽快颁布私募基金募集、基金合同内容与必备条款、私募基金管理人从事投资顾问服务、托管、外包等系列行业行为管理办法和指引

中国基金业协会取消私募基金管理人登记相关证明文件不会对私募基金管理人依法开展业务造成不利影响

中国基金业协会负责人就落实《关于进一步规范私募基金管理人登记若干事项的公告》相关问题

中国基金业协会负责人就落实《关于进一步规范私募基金管理人登记若干事项的公告》相关问题

《公告》发布之前已登记私募基金管理人的高管人员若已取得基金从业资格的，是否还需要参加基金从业资格考试科目一《基金法律法规、职业道德与业务规范》考试
- 每年度完成15学时的面授或者远程学习形式的后续培训
- 按要求接受中国基金业协会的从业资格管理
- 请相关高管人员持续关注中国基金业协会网站发布的基金从业人员培训的计划和相关安排

如何报考基金从业资格考试
- 关于基金从业资格考试安排
- 基金从业资格考试报名方式
- 基金从业资格考试大纲及教材

《公告》发布后，较多私募机构咨询顾问产品备案事项，中国基金业协会对此的回应
- 新登记的私募基金管理人将顾问管理型基金作为其管理的首只私募基金产品的备案申请
- 以及已登记且尚未备案私募基金管理人将顾问管理型基金作为其管理的首只私募基金产品的备案申请
- 中国基金业协会暂不办理

《公告》发布后，中国基金业协会不暂停私募基金登记备案工作

《公告》发布后，一些券商、律师事务所等中介服务机构纷纷推出所谓"保壳"、"卖壳"等一条龙服务，中国基金业协会的评价

可否对私募基金管理人提交《法律意见书》事宜提供进一步说明
- 关于《私募基金管理人登记法律意见书》（简称《法律意见书》）模板问题
- 关于对《法律意见书》的核查问题
- 关于可出具《法律意见书》的律师及律师事务所资质问题

关于建立失联（异常）私募机构公式制度的通知

关于建立失联（异常）私募机构公式制度的通知

被认定为"失联（异常）"私募机构
- 通过在私募基金登记备案系统预留的电话无法取得联系
- 协会以电子邮件、短信形式通知机构在限定时间内未获回复
- 存在上述情形时，协会通过网站发布"失联公告"催促相关机构主动与协会联系，公告发出后5个工作日内仍未与协会联系的

被认定为"失联（异常）"私募机构的处理
- 基金业协会将官方网站的"私募基金管理人分类公示"栏目中予以公示
- 私募基金管理人公示信息的将"失联（异常）"情况予以列示
- 在三个月之内主动与协会联系并按照要求提供相关资料并说明情况的，可将其从"失联（异常）"机构名单中移除
- 三个月之内未主动与协会联系的，采取后续的自律措施

私募基金登记备案相关问题解答（一）至（十）

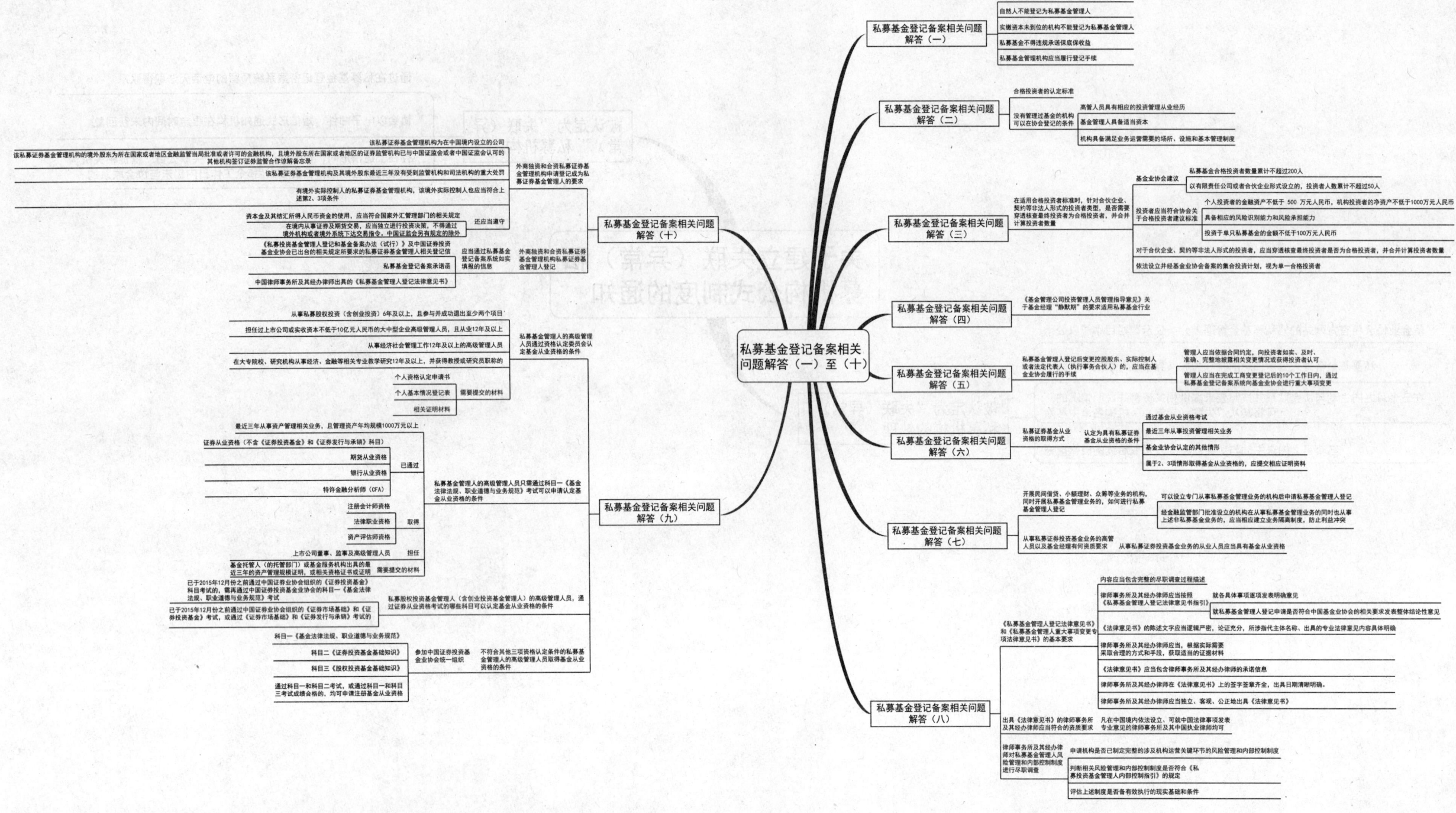

热题库使用说明

热题库设计模型：

欢迎大家使用热题库学习软件，这套软件是全国资格认证考试热题库编委会通过十余年的知识沉淀与经验积累而总结出的一套适用万千考生的学习方法。热题库中的考点和试题均由资深专业教师依据最新考试大纲要求进行编写，同时融入了历年考试真题，在保证试题质量及时效性的基础上，通过经典有效的考点挂习题形式对考点知识进行全方位覆盖，帮助考生逐一击破考试重点、难点及易错点，也因此被众多考生喻为"考试神器"。

- ✓ 新题练习：以最新大纲要求为主线，为考生提供最新最全的应试题目。
- ✓ 热题研习：通过对错比率来划分热度，热度越高，题目越精。
- ✓ 熟题重温：重温做过的题目，加深对知识点的理解与应用。
- ✓ 错题重做：对做错的题目重新作答，找到薄弱环节，逐个击破。
- ✓ 机编模拟：按命题思路进行组卷，通过自测，把握考试重点，主攻薄弱环节。
- ✓ 典型试卷：全国资格认证考试热题库编委会精心编排，囊括重点难点，保质保量。

纺织社热题库

1 主页面
热题库主页面上部分为考试科目名称、考生信息及考生学习情况，具体包括：考生头像、微信昵称、积分、新题总数、错题总数、熟题总数、勤奋/排名。
热题库主页面下部分为六大经典模块，分别是：新题练习、热题研习、熟题重温、错题重做、机编模拟、典型试卷。其中，新题练习、熟题重温、机编模拟为免费模块，热题研习、错题重做、典型试卷为收费模块。

积分：用你的积分可换取试题提问机会。
新题：提醒你，你还有多少道试题未做。
错题：警告你，你已经做错这些数量的试题。
熟题：恭喜你，你成功答对这些数量的试题。
勤奋/排名：查看你在热题库中的江湖排名。

2 新题中的题目按章节分类，点击章进入节列表，点击节进入考点列表，点击考点进入考点学习，此模块考生可免费使用；
考点中记录详细考点内容及解析，同时记录考点学习人数，点击章、节、考点右侧按钮直接进入答题页面；
考生选择选项后点击"上一题"、"下一题"默认提交答案；点击"查看答案"选项后，将不可再次更改答案；没有选择答案却点击"查看答案"选项后，本题做做错处理；
点击查看答案后，详细展示本题正确答案，正确率，考生选择，易错选项，被答次数。

3 考点：点击考点进入考点详情页面进行学习，并记录考点学习人数。
我要提问：考生在答题过程中遇到疑难问题可以使用"我要提问"进行悬赏积分提问。
反馈：考生对有疑问的题目进行错误反馈，老师会在第一时间对题目进行校验。
笔记：在学习过程中记录重点难点题目，方便日后学习。

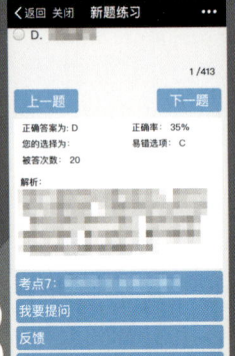

4 熟题重温
在其他模块中做对的题目都会进入"熟题重温"中，帮助考生分出已经掌握的题目，节省复习时间。

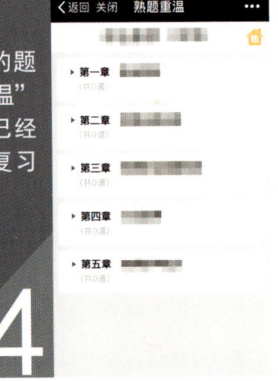

5 机编模拟
分为易、中、难三个梯度，考生可以结合自身对知识点掌握的熟练程度自主选择。易，模拟试卷的题目源于"熟题重温"；中，模拟试卷的题目源于"热题研习"；难，模拟试卷的题目源于"错题重做"，所有试卷都是随机生成。此模块可以帮助考生快速查缺补漏。

6 热题研习
大数据筛选，根据所有考生答题情况对每一道题目进行正确率统计，并按照正确率进行热度划分，考生可以借助他人的经验筛选题目，此模块特别适用于考试临近而又没有时间复习的考生。

7 错题重做
在"新题练习"、"热题研习"、"熟题重温"中做错的题目会进入到这个模块，所有错题按照时间倒序显示，距离当前时间越久越先显示，并且同一道错题需要连续做对三次才能进入到"熟题重温"中，错题的抗遗忘曲线法帮助考生真正掌握每一个考点。

8 "典型试卷"是由全国资格认证考试热题库编委会精心编写的冲刺试卷，帮助考生在考前冲刺使用，此模块的重要性不言自明。

9 个人中心
点击头像进入个人中心，在个人中心详细展示考生复习情况，根据考生学习进度及学习成果生成评估报告，并且可以根据做题量及正确率进行平台排名，促进考生学习欲望。日志、排行榜、复习进度、评估报告从不同角度记录考生学习进度，帮助考生直观地了解复习情况。对于有疑问的问题和重点问题可以选择笔记记录或者使用积分悬赏进行提问；有能力的考生也可以对其他考生的提问进行解答，赚取积分的同时增强考生之间的互动性。

10 功能
- **日志**：记录考生每天的复习情况、做题总数、错题总数、正确率，方便考生安排复习计划。
- **排行榜**：对所有参加考试的考生答题情况进行排名，知己知彼百战不殆。
- **复习进度**：把每科考试按照章节划分查漏补缺，哪里没学学哪里。
- **评估报告**：根据考生做题情况进行图表展示，让考生更直观地了解复习情况。
- **笔记题目**：重点难点问题反复学习，记录上次学习知识盲点，温故而知新。
- **我的提问**：考生对有疑问的问题进行提问，快速找到解决和学习办法。
- **我的回答**：考生之间的互动，帮助别人的同时加深自己对知识点的理解，同时赚取积分。
- **已购买的热题**：热题快速进入渠道，直接答题告别繁琐。
- **已购买的错题**：错题快速进入渠道，直接答题告别繁琐。
- **已购买的典型试卷**：典型试卷快速进入渠道，直接答题告别繁琐。

全国基金从业人员执业资格认证考试热题库

《私募股权投资基金基础知识》模拟试卷（一）

单项选择题（共100题，每小题1分，共100分。以下备选项中只有一项符合题目要求，不选、错选均不得分）

1. 基金管理人在投资后管理阶段投入大量资源的原因不包括（　　）。
   A. 为被投资企业提供各种商业资源和管理支持
   B. 帮助被投资企业更好发展
   C. 防范被投资企业的破产风险
   D. 对被投资企业进行有效监管

2. 投资者在某一时间内实际已经完成的出资称为（　　）。
   A. 认缴资本　　B. 未投资资本　　C. 已投资资本　　D. 实缴资本

3. 有关我国股权投资行业的发展趋势，以下说法错误的是（　　）。
   A. 金融市场将逐步由直接融资为主转向间接融资为主
   B. 未来我国经济的增长将由过去的要素驱动转向创新驱动
   C. 股权投资基金的运作模式和发展方式与创新驱动的内在要求高度一致，面临着广阔的发展机遇
   D. 随着我国股权投资基金行业专业化、市场化程度不断提高，该行业必将进入新的跨越式发展阶段

4. 股权投资基金可以根据不同的分类标准进行分类，以下基金形式中，不是根据投资领域分类的是（　　）。
   A. 不动产基金　　B. 创业投资基金　　C. 并购基金　　D. 母基金

5. 以下关于公司型基金的描述，错误的是（　　）。
   A. 公司型基金是指投资者依据公司法，通过出资形成一个独立的公司法人实体
   B. 公司型基金的参与主体主要为投资者和基金管理人，投资者既是基金份额持有者又是公司股东
   C. 在我国，公司法人实体可采取无限责任公司、有限责任公司、股份有限公司的形式
   D. 公司型基金可以由公司管理团队自行管理，或者委托专业的基金机构担任基金管理人

6. 我国股权投资基金业在发展早期以（　　）和外币股权投资基金为主。
   A. 创业投资基金　　　　　　　　B. 外资人民币股权投资基金
   C. 内资人民币股权投资基金　　　D. 基础设施基金

7. 产业导向或区域导向较强的政府引导基金，可通过（　　）支持创业投资基金发展

并引导其投资方向。
   A. 参股   B. 融资担保   C. 跟进投资   D. 直接投资

8. 以下有关政府引导基金的说法中，错误的是（   ）。
   A. 政府引导基金是由政府财政出资设立并按市场化方式运作的、在投资方向上具有一定导向性的政策性基金
   B. 政府引导基金对创业投资基金的支持方式包括参股、融资担保、跟进投资
   C. 政府引导基金本身直接从事股权投资业务
   D. 政府引导基金的宗旨是发挥财政资金的杠杆放大效应，增加创业投资的资本供给，克服单纯通过市场配置创业投资资本的市场失灵问题

9. 销售机构参与股权投资基金募集活动，需满足的条件不包括（   ）。
   A. 在中国证监会注册取得基金销售业务资格
   B. 成为中国证券投资基金业协会会员
   C. 最近三年内未受过中国证监会及其他有关部门的处罚和证券交易所惩戒
   D. 接受基金管理人委托（签署销售协议）

10. 以下有关股权投资基金募集流程的说法中，错误的是（   ）。
    A. 募集机构应当向特定对象宣传推介基金
    B. 募集机构应当自行或者委托第三方机构对私募基金进行风险评级，建立科学有效的私募基金风险评级标准和方法
    C. 募集机构在投资冷静期内进行的回访确认有效
    D. 基金合同应当约定给投资者设置一定时间的投资冷静期，募集机构在投资冷静期内不得主动联系投资者

11. 股权投资基金募集流程中，回访确认的内容包括（   ）。
    Ⅰ. 确认投资者的风险识别能力及风险承担能力是否与所投资的基金产品相匹配
    Ⅱ. 确认投资者是否已经阅读并理解基金合同和风险揭示的内容
    Ⅲ. 确认投资者是否为自己购买了该基金产品以及投资者是否按照要求亲笔签名或盖章
    Ⅳ. 确认受访人是否为投资者本人或机构
    A. Ⅰ、Ⅱ、Ⅲ   B. Ⅱ、Ⅲ、Ⅳ   C. Ⅰ、Ⅱ、Ⅳ   D. Ⅰ、Ⅱ、Ⅲ、Ⅳ

12. 公司型基金中，由公司内部的基金管理运营团队进行投资管理时，通常是在（   ）之下设投资决策委员会。
    A. 股东大会   B. 监事会   C. 董事会   D. 高级管理层

13. 有关股权投资基金的基本税负，以下说法正确的是（   ）。
    A. 公司型基金的股息红利所得和股权转让所得，均无需缴纳企业所得税
    B. 合伙企业合伙人不需缴纳所得税
    C. 有限合伙人为公司，则股息红利和股权转让所得均作为企业所得税应税收入，计缴企业所得税
    D. 进行股权投资业务的契约型股权投资基金的相关税收，由基金份额持有人承担，基金管理人或者其他扣缴义务人按照国家有关税收征收的规定代扣代缴

14. （　　）的股东以其认缴的出资额为限对公司承担责任。
   A. 有限合伙企业　　B. 股份有限公司　　C. 有限责任公司　　D. 无限责任公司

15. 股权投资基金投资决策委员会审查同意进行投资的企业或项目，经法律顾问审核相关合同协议后，由授权代表与被投资方签署的协议不包括（　　）。
   A. 增资协议　　　B. 退资协议　　　C. 股东协议　　　D. 股权转让协议

16. 投资备忘录的内容不包括（　　）。
   A. 投资达成的条件　B. 保密条款　　　C. 适当性条款　　D. 排他性条款

17. 在股权投资基金的尽职调查中，完整的投资建议书由（　　）编写。
   A. 公司董事会　　B. 风险控制团队　　C. 项目投资经理　　D. 公司监事会

18. 尽职调查出于风险发现的目的，需要考察的内容不包括（　　）。
   A. 或然债务　　　　　　　　　　B. 过去的财务业绩
   C. 股权瑕疵　　　　　　　　　　D. 环保问题

19. （　　）业务尽职调查的考察重点为管理团队、资产质量、融资结构、融资运用、发展战略以及风险分析等。
   A. 创业投资　　B. 成长投资　　C. 成熟投资　　D. 并购投资

20. 股权投资基金财务尽职调查在比较目标企业财务业绩时，需要注意会计政策和财务假设不同造成的影响，包括（　　）。
   Ⅰ. 折旧摊销　　Ⅱ. 关联交易　　Ⅲ. 资产问题　　Ⅳ. 收入与成本确认
   A. Ⅰ、Ⅱ、Ⅲ　　B. Ⅰ、Ⅱ、Ⅳ　　C. Ⅰ、Ⅲ、Ⅳ　　D. Ⅰ、Ⅱ、Ⅲ、Ⅳ

21. 贴现现金流估值法多用于以＿＿＿＿企业作为投资标的的＿＿＿＿创投基金和并购基金。（　　）
   A. 成熟和衰退阶段；后期　　　　B. 成长和成熟阶段；中后期
   C. 成长阶段；中期　　　　　　　D. 初创阶段；前期

22. 以下不是股权投资基金用相对估值法来评估目标企业价值的工作程序的是（　　）。
   A. 选定相当数量的可比案例或参照企业
   B. 分析目标企业及参照企业的经营状况与行业地位
   C. 分析目标企业及参照企业的财务和业务特征
   D. 在参照企业的相对估值基础上，根据目标企业的特征调整指标，计算其定价区间

23. （　　）是中国股权市场应用最为普遍的估值指标。
   A. 市售率　　　B. 市现率　　　C. 市净率　　　D. 市盈率

24. 关于自由现金流模型，下列说法错误的是（　　）。
   A. 股权自由现金流量是归属于股东的现金流量，是指公司经营活动产生的现金流量在扣除业务发展的投资需求后能够分配给资本提供者的现金流量
   B. 公司自由现金流量是归属于公司股东和债权人的现金流量，它等于企业的税后净营业利润
   C. 就公司自由现金流量来说，一般是采用加权平均资本成本作为所选择的贴现率
   D. 相比于股权自由现金流量，公司自由现金流量当中增加了流向债权人和优先股

股东的现金流

25. （　　）是一种新型的公司业绩衡量指标，比较准确地反映了公司在一定时期内为股东创造的价值。
   A. 折现现金流　　B. 清算价值　　C. 账面价值　　D. 经济增加值

26. 成长和成熟阶段企业作为投资标的的中后期创投基金和并购基金，更适合使用的估值方法是（　　）。
   A. 折现现金流估值法　　　　　　B. 成本法
   C. 经济增加法　　　　　　　　　D. 清算价值法

27. 市盈率等于（　　）。
   Ⅰ. 企业股权价值/营业利润　　　Ⅱ. 企业股权价值/营业收入
   Ⅲ. 每股价格/每股净利润　　　　Ⅳ. 企业股权价值/净利润
   A. Ⅰ、Ⅱ　　B. Ⅱ、Ⅲ　　C. Ⅱ、Ⅳ　　D. Ⅲ、Ⅳ

28. （　　）指的是企业股权价值与税息折旧摊销前收益的比值。
   A. 市盈率　　B. 市现率　　C. 市净率　　D. 市销率

29. 投资协议与投资备忘录的主要条款不包括（　　）。
   A. 估值条款　　　　　　　　　B. 估值调整条款
   C. 董事会席位条款　　　　　　D. 追加条款

30. 境外股权投资基金向境内目标公司直接投资必须获得特定审批机关的批准，上述特定审批机关不包括（　　）。
   A. 外汇局　　B. 工商总局　　C. 商务部　　D. 国家发展改革委

31. （　　），是指投资者（自然人或法人）跨越国境进行投资，采取新设、增资或收购等方式，直接获取或控制境外企业的股权或资产，以获得利润或达到其他战略目标的投资活动。
   A. 国内直接投资　　B. 全球直接投资　　C. 国外直接投资　　D. 跨境直接投资

32. 股权投资基金管理人参与被投资企业投资后管理的方式有包括（　　）。
   Ⅰ. 参与被投资企业董事会、监事会　　Ⅱ. 参与被投资企业股东大会或股东会
   Ⅲ. 日常联络和沟通工作　　　　　　　Ⅳ. 关注被投资企业经营状况
   A. Ⅰ、Ⅱ、Ⅲ　　B. Ⅰ、Ⅲ、Ⅳ　　C. Ⅰ、Ⅱ、Ⅳ　　D. Ⅰ、Ⅱ、Ⅲ、Ⅳ

33. 下列属于投资后管理主要内容的是（　　）。
   A. 股权投资基金对被投资企业进行的项目监控活动
   B. 股权投资基金对所有投资企业进行的项目监控活动
   C. 股权投资基金对被投资企业进行的财务调查活动
   D. 股权投资基金对被投资企业进行的后续审计活动

34. 根据现行上市规则，我国创业板上市要求发行人最近一年盈利，最近一年营业收入不少于（　　）万元。
   A. 2000　　B. 3500　　C. 4500　　D. 5000

35. 以下属于新三板现行交易规则的是（　　）。
   Ⅰ. 每次交易要求不得低于10000股

Ⅱ．实行股份转让限售期
Ⅲ．对股份和资金的结算实行分级结算原则
Ⅳ．依托新三板代办交易系统
A．Ⅰ、Ⅱ、Ⅲ　　　B．Ⅰ、Ⅲ、Ⅳ　　　C．Ⅱ、Ⅲ、Ⅳ　　　D．Ⅰ、Ⅱ、Ⅲ、Ⅳ

36．境内主板上市的基本要求之一是：发行人最近（　　）年内主营业务和董事、高级管理人员没有发生重大变化，实际控制人没有发生变更。
A．2　　　　　　B．3　　　　　　C．4　　　　　　D．5

37．对于有限责任公司，其股权转让分为（　　）。
Ⅰ．外部转让　　Ⅱ．内部转让　　Ⅲ．非公开转让　　Ⅳ．公开转让
A．Ⅰ、Ⅱ　　　　B．Ⅲ、Ⅳ　　　　C．Ⅰ、Ⅱ、Ⅲ　　　D．Ⅰ、Ⅱ、Ⅲ、Ⅳ

38．国有股权非上市转让的交易价款选择分期支付的，首期付款不得低于总价款的_____，其余款项付款期限不得超过_____年。（　　）
A．15%；1　　　B．15%；2　　　C．30%；1　　　D．20%；2

39．外部转让一般需要征得其他股东_____同意，且其他股东放弃_____。（　　）
A．1/3以上；优先购买权　　　　　B．半数以上；优先购买权
C．2/3以上；优先认购权　　　　　D．全体；优先认购权

40．股权投资基金的募集阶段，基金管理人与投资者互动的重点不包括以下（　　）。
A．介绍股权投资基础知识　　　　　B．介绍股权投资基金管理人基本情况
C．普及股权投资相关法律常识　　　D．介绍股权投资基金托管人基本情况

41．有限责任公司型股权投资基金投资者对外转让股权，一般需（　　）其他股东的同意。
A．全体　　　　B．2/3以上　　　　C．1/2以上　　　　D．1/3以上

42．合伙型股权投资基金的投资者退伙时，对于其合伙份额对应的资产，可分配给投资者（　　）。
Ⅰ．货币　　Ⅱ．房屋　　Ⅲ．存货　　Ⅳ．专利权
A．Ⅰ、Ⅱ、Ⅲ　　　B．Ⅰ、Ⅱ、Ⅳ　　　C．Ⅰ、Ⅲ、Ⅳ　　　D．Ⅰ、Ⅱ、Ⅲ、Ⅳ

43．对于股权投资基金估值，使用的市场法主要包括（　　）。
Ⅰ．近期投资价格法　　　Ⅱ．现金流折现法
Ⅲ．乘数法　　　　　　　Ⅳ．行业估值基准
A．Ⅰ、Ⅱ、Ⅲ　　　B．Ⅰ、Ⅲ、Ⅳ　　　C．Ⅰ、Ⅱ、Ⅵ　　　D．Ⅰ、Ⅱ、Ⅲ、Ⅵ

44．股权投资基金的业绩报酬（　　）进行核算。
A．只能按照单个投资项目
B．可以按照单个投资项目或股权投资基金整体
C．可以按照重要投资项目或股权投资基金整体
D．只能按照股权投资基金整体

45．股权投资基金管理人对外提供的基金财务会计报告分为（　　）。
A．月度和年度财务会计报告　　　　B．季度和半年度财务会计报告

C. 半年度和年度财务会计报告　　　　D. 季度和年度财务会计报告

46. 总收益倍数体现了投资人的（　　）。
    A. 理论回报水平　　B. 账面回报水平　　C. 基金总额　　　D. 现金回收情况

47. 股权投资基金管理人利用部门分设、岗位分设、外包、托管等方式实现（　　）。
    A. 专业化运营　　B. 内部牵制　　　C. 业务流程控制　　D. 授权流程管理

48. 有关创业投资基金的差异化监管，以下说法错误的是（　　）。
    A. 鼓励和引导创业投资基金投资创业早期的小微企业
    B. 基金业协会在基金管理人登记、基金备案等环节，提供统一的会员服务
    C. 享受国家财政税收扶持政策的创业投资基金，其投资范围应当符合国家相关规定
    D. 国家对符合条件的创业投资基金给予财政税收扶持

49. 公司解散的，清算组应当自成立之日起_____日内通知债权人，并于_____日内在报纸上公告。（　　）
    A. 10；10　　　　B. 10；60　　　　C. 20；20　　　　D. 20；30

50. 以下有关公司财产清算顺序的说法中，正确的是（　　）。
    A. 缴纳所欠税款，清偿公司债务，支付清算费用、职工的工资、社会保险费用和法定补偿金，分配公司剩余财产
    B. 支付清算费用、社会保险费用、法定补偿金、职工的工资，缴纳所欠税款，清偿公司债务，分配公司剩余财产
    C. 支付清算费用、职工的工资、社会保险费用、法定补偿金，缴纳所欠税款，清偿公司债务，分配公司剩余财产
    D. 缴纳所欠税款，支付清算费用、职工的工资、社会保险费用和法定补偿金，清偿公司债务，分配公司剩余财产

51. 一般情况下，股份有限公司不得收购本公司股份，但有以下（　　）情形的除外。
    Ⅰ. 股东因对股东大会作出的公司合并、分立决议持异议，要求公司收购其股份的
    Ⅱ. 将股份奖励给本公司职工
    Ⅲ. 与持有本公司股份的其他公司合并
    Ⅳ. 减少公司注册资本
    A. Ⅰ、Ⅱ、Ⅲ　　　　　　　　　　B. Ⅲ、Ⅳ
    C. Ⅰ、Ⅱ、Ⅲ、Ⅳ　　　　　　　　D. Ⅱ、Ⅲ、Ⅳ

52. 中国证券投资基金业协会将已登记的基金管理人列入异常机构名单的情况包括（　　）。
    Ⅰ. 基金管理人未按时履行季度、年度和重大事项信息报送更新义务累计达2次
    Ⅱ. 基金管理人未按时履行季度、年度和重大事项信息报送更新义务的情况出现1次
    Ⅲ. 已登记的基金管理人因违反《企业信息公示暂行条例》相关规定，被列入企业信用信息公示系统严重违法企业公示名单
    Ⅳ. 已登记的基金管理人未按要求提交经审计的季度财务报告

Ⅴ. 已登记的基金管理人未按要求提交经审计的年度财务报告
A. Ⅱ、Ⅲ、Ⅳ　　　　　　　　　　B. Ⅰ、Ⅱ、Ⅲ、Ⅴ
C. Ⅰ、Ⅲ、Ⅴ　　　　　　　　　　D. Ⅲ、Ⅴ

53. 基金管理人可委托（　　）办理基金份额（权益）登记。
    A. 基金托管人　　B. 外包机构　　C. 基金销售机构　　D. 基金份额登记机构

54. 基金合同约定基金不进行托管的，应当在基金合同中明确（　　）。
    Ⅰ. 保障基金财产安全的制度措施　　Ⅱ. 资产管理制度
    Ⅲ. 收益分配制度　　　　　　　　Ⅳ. 纠纷解决机制
    A. Ⅰ、Ⅱ　　B. Ⅰ、Ⅳ　　C. Ⅱ、Ⅲ　　D. Ⅲ、Ⅳ

55. 下列关于基金财产债权的说法中，错误的是（　　）。
    A. 不同基金财产的债权债务，可以相互抵销
    B. 不同基金财产的债权债务，不得相互抵销
    C. 基金财产的债权，不得与基金管理人固有财产的债务相抵销
    D. 基金财产的债权，不得与基金托管人固有财产的债务相抵销

56. 基金管理人由依法设立的（　　）担任。
    A. 基金服务机构　　　　　　　　B. 证券监督管理机构
    C. 机构投资者　　　　　　　　　D. 公司或合伙企业

57. 小王是某公开募集基金的基金管理人的高级经理，他应当具备基金从业资格，熟悉证券投资方面的法律、行政法规，具有（　　）年以上与所任职务相关的工作经历。
    A. 2　　B. 3　　C. 1　　D. 5

58. 基金托管人职责终止的，基金份额持有人大会应当在（　　）个月内选择新基金托管人。
    A. 6　　B. 7　　C. 8　　D. 9

59. 基金财产不得用于（　　）。
    Ⅰ. 提供担保　　　　　　　　　　Ⅱ. 承销证券
    Ⅲ. 上市交易的债券　　　　　　　Ⅳ. 向基金管理人出资
    A. Ⅰ、Ⅱ、Ⅲ、Ⅳ　　　　　　　B. Ⅲ、Ⅳ
    C. Ⅰ、Ⅱ、Ⅳ　　　　　　　　　D. Ⅱ、Ⅲ

60. 根据《中华人民共和国公司法》的规定，关于公司股东承担责任的方式，下列说法错误的是（　　）。
    A. 公司股东以其个人财产对公司债务承担责任
    B. 公司以其全部财产对公司的债务承担责任
    C. 有限责任公司的股东以其认缴的出资额为限对公司承担责任
    D. 股份有限公司的股东以其认购的股份为限对公司承担责任

61. 下列关于一人有限责任公司的说法中，错误的是（　　）。
    A. 一人有限责任公司不设股东会
    B. 一个自然人只能投资设立一个一人有限责任公司

C. 一人有限责任公司股东只能是自然人

D. 一人有限责任公司章程由股东制定

62. 股份有限公司的设立，可以采取发起设立或者募集设立的方式。对于这两种方式，下列表述错误的是（   ）。

　　A. 发起设立股份有限公司的，由发起人认购公司应发行的全部股份

　　B. 发起设立股份有限公司的，在发起人认购的股份缴足前，不得向他人募集股份

　　C. 募集设立股份有限公司的，其余股份只能向特定对象募集

　　D. 募集设立股份有限公司的，由发起人认购公司应发行股份的一部分

63. 公司发行无记名股票的，公司应当记载其（   ）。

　　A. 发起人股票字样　　　　　　　B. 股东的姓名

　　C. 股东的住所　　　　　　　　　D. 股票数量、编号及发行日期

64. 根据公司法的规定，以下关于公积金用途的说法中，错误的是（   ）。

　　A. 弥补公司的亏损　　　　　　　B. 转增公司资本

　　C. 捐赠慈善事业　　　　　　　　D. 扩大公司生产经营

65. 合伙企业登记事项发生变更的，执行合伙事务的合伙人应当自作出变更决定或者发生变更事由之日起（   ）日内，向企业登记机关申请办理变更登记。

　　A. 15　　　　　B. 20　　　　　C. 25　　　　　D. 30

66. 作为合伙人的法人或者其他组织依法被吊销营业执照时，该合伙人（   ）。

　　A. 应当向其他合伙人说明　　　　B. 可以退伙

　　C. 当然退伙　　　　　　　　　　D. 中止执行合伙人事务

67. 某有限合伙企业吸收张某为该企业的有限合伙人。对张某入伙前该有限合伙企业既有的债务，以下表述中，符合《中华人民共和国合伙企业法》规定的是（   ）。

　　A. 张某以其认缴的出资额为限承担责任

　　B. 张某不承担责任

　　C. 张某以其实缴的出资额为限承担责任

　　D. 张某承担无限连带责任

68. 何某作为有限合伙企业的有限合伙人未经授权以合伙企业的名义与善意的A公司进行交易，该交易使合伙企业造成损失。根据规定，由于该笔交易造成的损失，应由（   ）。

　　A. 合伙企业自行承担损失

　　B. 何某承担赔偿责任

　　C. 何某和其他合伙人共同承担无限责任

　　D. 何某承担无限责任，其他合伙人承担有限责任

69. 下列关于有限合伙人出资的说法中，正确的是（   ）。

　　A. 有限合伙人只能以货币出资

　　B. 有限合伙人可以用货币出资，也可以用劳务出资

　　C. 有限合伙人不得以劳务出资

　　D. 有限合伙人不能用其知识产权作价出资

70. 某合伙企业未在其名称中标明"普通合伙"、"特殊普通合伙"或者"有限合伙"字样，除由企业登记机关责令限期改正外，可以并处的最低罚款额是（   ）元。
    A. 2000   B. 3000   C. 4000   D. 5000

71. 信托关系中，受托人职责终止的情形不包括（   ）。
    A. 依法解散或者法定资格丧失   B. 死亡或者被依法宣告死亡
    C. 被依法撤销或者被宣告破产   D. 未按规定处理信托财产

72. 私募基金管理人和投资者的下列行为中，错误的是（   ）。
    A. 投资者应当确保投资资金来源合法
    B. 基金管理人应向风险识别能力和风险承担能力相匹配的投资者推介私募基金
    C. 投资者应当如实填写风险识别能力和承担能力问卷
    D. 基金管理人可以向投资者承诺投资本金不受损失

73. 私募基金管理人自行销售或者委托销售机构销售私募基金时，以下做法正确的有（   ）。
    Ⅰ. 委托第三方机构对私募基金进行风险评级
    Ⅱ. 私募基金管理人自行对私募基金进行风险评级
    Ⅲ. 向风险识别能力和风险承担能力相匹配的投资者推介私募基金
    Ⅳ. 向无投资经验的投资者推介私募基金
    A. Ⅰ、Ⅱ、Ⅲ   B. Ⅰ、Ⅱ、Ⅳ   C. Ⅱ、Ⅲ、Ⅳ   D. Ⅰ、Ⅲ、Ⅳ

74. 以下有关政府监管机构的说法中，错误的是（   ）。
    A. 中国证券监督管理委员会及其派出机构是我国股权投资基金的监管机构，依法对股权投资基金业务活动实施监督管理
    B. 中国证券监督管理委员会及其派出机构依法对开展私募基金业务情况进行统计监测和检查
    C. 中国证券监督管理委员会及其派出机构可以对违规私募机构采取责令改正、监管谈话、出具警示函、公开谴责等行政监管措施
    D. 中国证券投资基金业协会将私募服务机构及其从业人员诚信信息记入证券期货市场诚信档案数据库，并根据私募基金管理人的信用状况，实施差异化监管

75. （   ）应当提供私募基金登记和备案所需的文件和信息，保证所提供文件和信息的真实性、准确性、完整性。
    A. 私募基金投资者   B. 私募基金管理人
    C. 私募基金托管人   D. 私募基金外包服务机构

76. 私募基金管理人每月应更新的其所管理的私募证券投资基金的相关信息不包括（   ）。
    A. 基金规模   B. 基金名称   C. 投资者数量   D. 单位净值

77. 私募基金管理人更新所管理的私募股权投资基金等非证券类私募基金的相关信息，应当在每季度结束之日起（   ）个工作日内。
    A. 10   B. 15   C. 20   D. 25

78. 下列属于私募基金运行期间重大事项的是（   ）。

A. 私募投资基金合同正常执行
B. 私募基金投资者之间正常转让基金份额
C. 私募基金管理人的财务经理辞职
D. 私募投资基金托管人发生变更

79. 在私募基金管理人登记、基金备案中提供虚假材料和信息的，中国证券投资基金业协会可以采取的处罚措施有（　　）。
    Ⅰ．罚款　　　　　　　　　　Ⅱ．行业内通报批评
    Ⅲ．取消会员资格　　　　　　Ⅳ．暂停受理基金备案
    A. Ⅰ、Ⅳ　　　B. Ⅰ、Ⅱ、Ⅳ　　　C. Ⅰ、Ⅲ、Ⅳ　　　D. Ⅱ、Ⅲ、Ⅳ

80. 承担股权投资基金管理人建立内部控制制度和维护其有效性最终责任的是（　　）。
    A. 法定代表人　　B. 总经理　　C. 最高权力机构　　D. 董事会

81. 私募基金管理人各部门和岗位职责应当保持相对独立，基金财产、管理人固有财产、其他财产的运作应当分离，这是内部控制制度（　　）的要求。
    A. 相互制约原则　　B. 独立性原则　　C. 重要性原则　　D. 策略性原则

82. 以下不属于信息披露义务人应当按照基金合同的约定及时向投资者披露的重大事项的是（　　）。
    A. 基金存续期变更或展期的
    B. 基金收益分配事项发生变更的
    C. 基金托管人涉嫌重大违法违规行为
    D. 投资范围和投资策略发生重大变化的

83. 私募基金运行期间，信息披露义务人应当在每季度结束之日起（　　）个工作日以内向投资者披露基金净值、主要财务指标以及投资组合情况等信息。
    A. 10　　　　B. 15　　　　C. 20　　　　D. 25

84. 私募基金管理人在（　　）被采取谈话提醒、书面警示、要求限期改正等纪律处分的，中国证券投资基金业协会可对其采取加入黑名单、公开谴责等纪律处分。
    A. 一年之内三次　　　　　　B. 一年之内两次
    C. 两年之内一次　　　　　　D. 两年之内两次

85. 订立私募投资基金合同应当遵循的原则不包括（　　）。
    A. 全面　　　B. 平等自愿　　　C. 诚实信用　　　D. 公平

86. 下列不属于契约型私募基金的基金管理人权利的是（　　）。
    A. 按照基金合同约定，独立管理和运用基金财产
    B. 按照基金合同约定，及时、足额获得私募基金管理人管理费用及业绩报酬
    C. 根据基金合同及其他有关规定，监督私募基金托管人
    D. 制作风险揭示书，向投资者充分揭示相关风险

87. 契约型私募基金中，基金份额持有人大会所设日常机构的职权不包括（　　）。
    A. 召集基金份额持有人大会
    B. 变更基金合同期限
    C. 提请更换基金管理人、基金托管人

D. 监督基金管理人的投资运作、基金托管人的托管活动

88. 契约型私募基金财产清算的有关事项有（ ）。
    Ⅰ. 私募基金财产清算剩余资产的分配
    Ⅱ. 私募基金财产清算的程序
    Ⅲ. 清算费用的来源和支付方式
    Ⅳ. 私募基金财产清算报告的告知安排
    A. Ⅰ、Ⅱ、Ⅲ   B. Ⅰ、Ⅱ、Ⅳ   C. Ⅱ、Ⅲ、Ⅳ   D. Ⅰ、Ⅱ、Ⅲ、Ⅳ

89. 私募基金管理人应按照（ ）原则管理、运用并安全保管基金财产，不对基金活动的盈利性和最低收益作出承诺。
    Ⅰ. 成本效益   Ⅱ. 恪尽职守   Ⅲ. 谨慎勤勉   Ⅳ. 诚实信用
    A. Ⅰ、Ⅱ、Ⅲ   B. Ⅰ、Ⅱ、Ⅳ   C. Ⅰ、Ⅲ、Ⅳ   D. Ⅱ、Ⅲ、Ⅳ

90. 以下不是契约型私募基金的基金托管人权利的是（ ）。
    A. 及时、足额获得私募基金托管费用
    B. 安全保管基金财产
    C. 监督私募基金管理人对基金财产的投资运作
    D. 依法保管私募基金财产

91. 私募基金管理人、私募基金托管人应当按照《私募投资基金信息披露管理办法》的规定及基金合同约定如实向投资者披露（ ）。
    Ⅰ. 资产负债情况   Ⅱ. 基金投资情况
    Ⅲ. 基金承担的费用   Ⅳ. 投资收益分配
    A. Ⅰ、Ⅱ   B. Ⅱ、Ⅲ   C. Ⅰ、Ⅲ、Ⅳ   D. Ⅰ、Ⅱ、Ⅲ、Ⅳ

92. 以下属于私募基金投资者声明与承诺的是（ ）。
    Ⅰ. 声明自己愿意承担私募投资基金相应的投资风险
    Ⅱ. 声明自己是符合《私募投资基金监督管理暂行办法》规定的合格投资者
    Ⅲ. 声明自己投资的私募基金有最低收益保障
    Ⅳ. 声明自己风险承受能力属实
    A. Ⅱ、Ⅲ   B. Ⅰ、Ⅱ、Ⅲ   C. Ⅰ、Ⅱ、Ⅳ   D. Ⅱ、Ⅲ、Ⅳ

93. 以下情形中，不需要召开基金份额持有人大会的是（ ）。
    A. 决定延长基金合同期限   B. 决定更换基金管理人
    C. 分配基金财产收益   D. 决定调整基金管理人的报酬标准

94. 基金合同重大事项发生变更时，私募基金管理人应及时向（ ）报告。
    A. 私募基金投资者   B. 中国证券投资基金业协会
    C. 私募基金份额持有人大会   D. 中国证券监督管理委员会

95. 合伙型股权投资基金合伙协议中，应约定由（ ）担任执行事务合伙人。
    A. 任一合伙人   B. 有限合伙人   C. 普通合伙人   D. 指定合伙人

96. 募集机构应建立科学有效的投资者问卷调查评估方法，其中，问卷调查主要内容应包括（ ）。
    Ⅰ. 投资知识   Ⅱ. 风险偏好

Ⅲ. 投资者基本信息　　　　　　　Ⅳ. 财务状况
A. Ⅱ、Ⅲ、Ⅳ　　B. Ⅰ、Ⅱ、Ⅲ　　C. Ⅰ、Ⅲ、Ⅳ　　D. Ⅰ、Ⅱ、Ⅲ、Ⅳ

97. 股权投资基金推介材料应由（　　）制作。
A. 基金托管人
B. 基金管理人委托的基金销售机构
C. 基金管理人
D. 中国证券投资基金业协会

98. 私募基金服务机构与私募基金管理人之间的业务合作，应注意的问题不包括（　　）。
A. 各类主体的法律关系
B. 各类主体的职责范围
C. 各类主体的从业年限
D. 各类主体的法律风险

99. 对于没有管理过基金的机构，基金业协会予以办理登记的条件不包括（　　）。
A. 高管人员具有相应的投资管理从业经历
B. 基金管理人具备适当资本，以能够支持其基本运营
C. 机构具备满足业务运营需要的场所、设施和基本管理制度
D. 私募基金的合格投资者人数符合相关规定

100. 以下不属于中国基金业协会资格认定委员会成员的是（　　）。
A. 中国基金业协会非会员理事
B. 中国基金业协会理事
C. 中国基金业协会监事
D. 私募基金相关专业委员会委员

模拟试卷（一）参考答案及解析

1.【答案】　C
【解析】股权投资是"价值增值型"投资。基金管理人通常在投资后管理阶段投入大量资源，一方面，为被投资企业提供各种商业资源和管理支持，帮助被投资企业更好发展；另一方面，也通过参加被投资企业股东会、董事会等形式，对被投资企业进行有效监管，以应对被投资企业的信息不对称和企业管理层的道德风险。

2.【答案】　D
【解析】投资者承诺向基金投资的总额度称为认缴资本，投资者在某一时间内实际已经完成的出资称为实缴资本。

3.【答案】　A
【解析】A项，从发展趋势来看，未来我国经济的增长将由过去的要素驱动转向创新驱动，与此相适应，金融市场也将逐步由间接融资为主转向直接融资为主。

4.【答案】　D
【解析】根据投资领域不同，股权投资基金可以分为狭义创业投资基金、并购基金、不动产基金、基础设施基金、定增基金等。

5.【答案】　C
【解析】C项，在我国，公司法人实体可采取有限责任公司或股份有限公司的形式。

6.【答案】　B
【解析】我国股权投资基金业在发展早期以外资人民币股权投资基金和外币股权投资基金为主。2009年以后，内资人民币股权投资基金的数量超过外资人民币股权投资基金，人

民币股权投资基金的规模超过外币股权投资基金，且领先优势越来越大。

7. 【答案】 C

【解析】跟进投资，是指产业导向或区域导向较强的政府引导基金，通过跟进投资，支持创业投资基金发展并引导其投资方向。

8. 【答案】 C

【解析】政府引导基金是由政府财政出资设立并按市场化方式运作的、在投资方向上具有一定导向性的政策性基金，通常通过投资于创业投资基金，引导社会资金进入早期创业投资领域。政府引导基金本身不直接从事股权投资业务。

9. 【答案】 C

【解析】销售机构参与股权投资基金募集活动，需满足以下三个条件：①在中国证监会注册取得基金销售业务资格；②成为中国证券投资基金业协会会员；③接受基金管理人委托（签署销售协议）。

10. 【答案】 C

【解析】募集机构在投资冷静期内进行的回访确认无效，选项C错误。

11. 【答案】 D

【解析】回访应当包括但不限于以下内容：(1) 确认受访人是否为投资者本人或机构。(2) 确认投资者是否为自己购买了该基金产品以及投资者是否按照要求亲笔签名或盖章。(3) 确认投资者是否已经阅读并理解基金合同和风险揭示的内容。(4) 确认投资者的风险识别能力及风险承担能力是否与所投资的基金产品相匹配。(5) 确认投资者是否知悉投资者承担的主要费用及费率，投资者的重要权利以及基金信息披露的内容、方式及频率。(6) 确认投资者是否知悉未来可能承担投资损失。(7) 确认投资者是否知悉投资冷静期的起算时间、期间以及享有的权利。(8) 确认投资者是否知悉纠纷解决安排。

12. 【答案】 C

【解析】由公司内部的基金管理运营团队进行投资管理时，通常是在董事会之下设投资决策委员会，其成员一般由董事会委派。

13. 【答案】 C

【解析】A项，在基金层面，根据税法的相关规定，公司型基金从符合条件的境内被投企业取得的股息红利所得，无需缴纳企业所得税；股权转让所得，按照基金企业的所得税税率，缴纳企业所得税。B项，合伙企业合伙人是自然人的，缴纳个人所得税；合伙人是法人和其他组织的，缴纳企业所得税。D项，《中华人民共和国证券投资基金法》第八条规定，基金财产投资的相关税收，由基金份额持有人承担，基金管理人或者其他扣缴义务人按照国家有关税收征收的规定代扣代缴，但进行股权投资业务的契约型股权投资基金的税收政策有待进一步明确。

14. 【答案】 C

【解析】有限责任公司的股东以其认缴的出资额为限对公司承担责任；股份有限公司的股东以其认购的股份为限对公司承担责任。有限合伙企业的投资人以其认缴的出资额为限对合伙企业债务承担责任。

15. 【答案】 B

【解析】投资决策委员会审查同意进行投资的企业或项目，经法律顾问审核相关合同协议后，由授权代表与被投资方签署"增资协议"或"股权转让协议"等投资协议、"股东协议"或"合资协议"以及相关补充协议。

16. 【答案】 C

【解析】投资备忘录也称投资框架协议或投资条款清单，通常由投资方提出，内容一般包括投资达成的条件、投资方建议的主要投资条款、保密条款以及排他性条款。

17. 【答案】 C

【解析】在股权投资基金的尽职调查中，项目投资经理编写完整的投资建议书。

18. 【答案】 B

【解析】尽职调查出于风险发现目的需要考察的内容包括：①企业经营风险；②股权瑕疵；③或然债务；④法律诉讼；⑤环保问题；⑥监管问题。

19. 【答案】 D

【解析】不同投资策略针对的目标企业类型及所处发展阶段不同，因而业务尽职调查的侧重点也不同，创业投资的考察重点为管理团队和产品服务部分，成长投资对产品服务、发展战略及市场因素的关注程度更高一些，并购投资则更多关注管理团队、资产质量、融资结构、融资运用、发展战略以及风险分析等。

20. 【答案】 D

【解析】股权投资基金财务尽职调查在横向或纵向比较目标企业财务业绩时需要注意会计政策和财务假设不同造成的影响，包括折旧摊销、收入与成本确认、资产问题、关联交易等。

21. 【答案】 B

【解析】贴现现金流估值法则多用于以成长和成熟阶段企业作为投资标的的中后期创投基金和并购基金。

22. 【答案】 B

【解析】用相对估值法来评估目标企业价值的工作程序包括：①选定相当数量的可比案例或参照企业；②分析目标企业及参照企业的财务和业务特征，选择最接近目标企业的几家参照企业；③在参照企业的相对估值基础上，根据目标企业的特征调整指标，计算其定价区间。

23. 【答案】 D

【解析】市盈率是中国股权市场应用最为普遍的估值指标，投资时常用的两个概念是静态市盈率和动态市盈率（或称滚动市盈率）。

24. 【答案】 A

【解析】A项，股权自由现金流量（FCFE）是归属于股东的现金流量，是指公司经营活动产生的现金流量在扣除业务发展的投资需求和对其他资本提供者的分配之后能够分配给股东的现金流量。公司自由现金流量（FCFF）是归属于公司股东和债权人的现金流量，是指公司经营活动产生的现金流量在扣除业务发展的投资需求后能够分配给资本提供者的现金流量，它等于企业的税后净营业利润。

25. 【答案】 D

【解析】经济增加值（EVA）是一种新型的公司业绩衡量指标，比较准确地反映了公司在一定时期内为股东创造的价值，即企业价值除了资产的账面价值之外，还有管理团队经营成果贡献的价值。

26. 【答案】　A

【解析】折现现金流估值法多用于以成长和成熟阶段企业作为投资标的的中后期创投基金和并购基金。

27. 【答案】　D

【解析】市盈率等于企业股权价值与净利润的比值（每股价格/每股净利润）。

28. 【答案】　B

【解析】市现率指的是企业股权价值与税息折旧摊销前收益的比值。

29. 【答案】　D

【解析】投资协议与投资备忘录的主要条款包括估值条款、估值调整条款、回购条款、反摊薄条款、董事会席位条款、保护性条款、竞业禁止条款、优先购买权/优先认购权条款、保密条款和排他性条款。

30. 【答案】　B

【解析】境外股权投资基金向境内目标公司直接投资必须获得特定审批机关的批准，主要包括商务部、国家发展改革委以及外汇局，如果境内目标企业的主体资格特殊，还可能涉及国家相关主管部门。

31. 【答案】　D

【解析】跨境直接投资，是指投资者（自然人或法人）跨越国境进行投资，采取新设、增资或收购等方式，直接获取或控制境外企业的股权或资产，以获取利润或达到其他战略目标的投资活动。

32. 【答案】　D

【解析】股权投资基金管理人一般参与投资后管理的渠道和方式有：（1）参与被投资企业股东大会（股东会）、董事会、监事会；（2）关注被投资企业经营状况。（3）日常联络和沟通工作。

33. 【答案】　A

【解析】一般来说，投资后管理的主要内容可以分为两类：第一类为股权投资基金对被投资企业进行的项目监控活动；第二类为股权投资基金对被投资企业提供的增值服务。

34. 【答案】　D

【解析】根据现行上市规则，我国创业板上市要求发行人最近一年盈利，最近一年营业收入不少于5000万元。

35. 【答案】　C

【解析】新三板现行交易规则主要包括：①以机构投资者为主，合格的自然人也可以投资；②实行股份转让限售期；③设定股份交易最低限额，每次交易要求不得低于1000股，投资者证券账户某一股份余额不足1000股的，只能一次性委托卖出，股票转让单笔申报最大数量不得超过100万股；④投资者委托交易；⑤交易须券商代理；⑥分级结算原则，新三板交易制度对股份和资金的结算实行分级结算原则；⑦依托新三板代办交易系统。

36. 【答案】 B

【解析】境内主板上市的基本要求之一是：发行人最近3年内主营业务和董事、高级管理人员没有发生重大变化，实际控制人没有发生变更。

37. 【答案】 A

【解析】股权转让是指非上市企业的股东依法将自己的股份让渡给他人，使他人成为公司股东的民事法律行为。对于有限责任公司，其股权转让分为内部转让和外部转让两种类型。

38. 【答案】 C

【解析】国有股权非上市转让的交易价款金额较大、一次付清确有困难的，可以采取分期付款方式。采用分期付款方式的，首期付款不得低于总价款的30%，并在合同生效之日起5个工作日内支付；其余款项应当提供转让方认可的合法有效担保，并按同期银行贷款利率支付延期付款期间的利息，付款期限不得超过1年。

39. 【答案】 B

【解析】内部转让是指现有股东之间相互转让股权，外部转让是指现有股东向股东以外的人转让股权。两者的区别在于，外部转让一般需要征得其他股东过半数同意，且其他股东放弃优先购买权。

40. 【答案】 D

【解析】股权投资基金的募集阶段，基金管理人与投资者互动的重点是：①介绍股权投资基础知识；②普及股权投资相关法律常识；③介绍股权投资基金管理人基本情况；④介绍相应股权投资基金产品的特点及风险收益特征；⑤开展投资者风险教育。

41. 【答案】 C

【解析】有限责任公司型股权投资基金投资者（股东）可以相互转让其持有的股权，但对外转让一般需经其他股东过半数同意，且其他股东有优先受让权。

42. 【答案】 A

【解析】合伙型股权投资基金的投资者退伙时对于其合伙份额对应的资产，既可以货币形式分配，也可以实物资产方式分配。

43. 【答案】 B

【解析】对于股权投资基金的估值，国内外普遍使用的方法之一为市场法，主要包括：近期投资价格法、乘数法、行业估值基准以及可用市场价格法。Ⅱ项属于收入法。

44. 【答案】 B

【解析】业绩报酬可以按照单个投资项目进行核算，也可以按照股权投资基金整体进行核算。

45. 【答案】 D

【解析】股权投资基金管理人应及时编制并对外提供真实、完整的基金财务会计报告。财务会计报告分为季度和年度财务会计报告。

46. 【答案】 B

【解析】总收益倍数是指截至某一特定时点，投资人已从基金获得的分配金额加上资产净值与投资人已向基金缴款金额总和的比率，体现了投资人的账面回报水平。

47. 【答案】　C

【解析】股权投资基金管理人应当建立科学严谨的业务操作流程，利用部门分设、岗位分设、外包、托管等方式实现业务流程的控制。

48. 【答案】　B

【解析】B项，根据《私募投资基金监督管理暂行办法》，中国证券投资基金业协会在基金管理人登记、基金备案、投资情况报告要求和会员管理等环节，对创业投资基金采取区别于其他私募基金的差异化行业自律，并提供差异化会员服务。

49. 【答案】　B

【解析】公司解散的，应当在解散事由出现之日起15日内成立清算组，清算组应当自成立之日起10日内通知债权人，并于60日内在报纸上公告。

50. 【答案】　C

【解析】公司财产在分别支付清算费用、职工的工资、社会保险费用和法定补偿金，缴纳所欠税款，清偿公司债务后的剩余财产，有限责任公司按照股东的出资比例分配，股份有限公司按照股东持有的股份比例分配。

51. 【答案】　C

【解析】股份有限公司不得收购本公司股份。但是有以下情形之一的除外：（1）减少公司注册资本。(2) 与持有本公司股份的其他公司合并。(3) 将股份奖励给本公司职工。(4) 股东因对股东大会作出的公司合并、分立决议持异议，要求公司收购其股份的。

52. 【答案】　C

【解析】已登记的基金管理人存在如下情况之一的，中国证券投资基金业协会将其列入异常机构名单，通过基金管理人公示平台对外公示，并暂停受理该机构的私募基金产品备案申请：①基金管理人未按时履行季度、年度和重大事项信息报送更新义务累计达2次的；②已登记的基金管理人因违反《企业信息公示暂行条例》相关规定，被列入企业信用信息公示系统严重违法企业公示名单的；③已登记的基金管理人未按要求提交经审计的年度财务报告的。

53. 【答案】　B

【解析】根据《基金业务外包服务指引（试行）》第十三条，基金管理人可委托外包机构办理基金份额（权益）登记。

54. 【答案】　B

【解析】除基金合同另有约定外，基金应当由基金托管人托管。基金合同约定基金不进行托管的，应当在基金合同中明确保障基金财产安全的制度措施和纠纷解决机制。

55. 【答案】　A

【解析】《中华人民共和国证券投资基金法》第六条规定，基金财产的债权，不得与基金管理人、基金托管人固有财产的债务相抵销；不同基金财产的债权债务，不得相互抵销。

56. 【答案】　D

【解析】《中华人民共和国证券投资基金法》第十二条规定，基金管理人由依法设立的公司或者合伙企业担任。公开募集基金的基金管理人，由基金管理公司或者经国务院证券监督管理机构按照规定核准的其他机构担任。

57. 【答案】 B

【解析】《中华人民共和国证券投资基金法》第十六条规定，公开募集基金的基金管理人的董事、监事和高级管理人员，应当熟悉证券投资方面的法律、行政法规，具有3年以上与其所任职务相关的工作经历；高级管理人员还应当具备基金从业资格。

58. 【答案】 A

【解析】根据《中华人民共和国证券投资基金法》四十二条规定，基金托管人职责终止的，基金份额持有人大会应当在6个月内选任新基金托管人；新基金托管人产生前，由国务院证券监督管理机构指定临时基金托管人。

59. 【答案】 C

【解析】Ⅰ、Ⅱ、Ⅳ项均属于基金财产不得进行的投资或活动。《中华人民共和国证券投资基金法》第七十二条规定，基金财产可以用于下列投资：（一）上市交易的股票、债券；（二）国务院证券监督管理机构规定的其他证券及其衍生品种。

60. 【答案】 A

【解析】根据《中华人民共和国公司法》第三条，公司是企业法人，有独立的法人财产，享有法人财产权。公司以其全部财产对公司的债务承担责任。有限责任公司的股东以其认缴的出资额为限对公司承担责任；股份有限公司的股东以其认购的股份为限对公司承担责任。

61. 【答案】 C

【解析】根据《中华人民共和国公司法》第五十七条规定，本法所称一人有限责任公司，是指只有一个自然人股东或者一个法人股东的有限责任公司。

62. 【答案】 C

【解析】C项，募集设立股份有限公司的，其余股份可以向社会公开募集或者向特定对象募集而设立公司。

63. 【答案】 D

【解析】根据《中华人民共和国公司法》第一百三十条规定，发行无记名股票的，公司应当记载其股票数量、编号及发行日期。

64. 【答案】 C

【解析】根据《中华人民共和国公司法》第一百六十八条，公司的公积金用于弥补公司的亏损、扩大公司生产经营或者转为增加公司资本；但是，资本公积金不得用于弥补公司的亏损。

65. 【答案】 A

【解析】《中华人民共和国合伙企业法》第十三条规定，合伙企业登记事项发生变更的，执行合伙事务的合伙人应当自作出变更决定或者发生变更事由之日起15日内，向企业登记机关申请办理变更登记。

66. 【答案】 C

【解析】《中华人民共和国合伙企业法》第四十八条规定，合伙人有下列情形之一的，当然退伙：（一）作为合伙人的自然人死亡或者被依法宣告死亡；（二）个人丧失偿债能力；（三）作为合伙人的法人或者其他组织依法被吊销营业执照、责令关闭、撤销，或者被宣告破产；（四）法律规定或者合伙协议约定合伙人必须具有相关资格而丧失该资格；（五）合伙人在合伙企业中的全部财产份额被人民法院强制执行。

67．【答案】　A

【解析】根据《中华人民共和国合伙企业法》第七十七条，新入伙的有限合伙人对入伙前有限合伙企业的债务，以其认缴的出资额为限承担责任。

68．【答案】　B

【解析】有限合伙人未经授权以有限合伙企业名义与他人进行交易，给有限合伙企业或者其他合伙人造成损失的，该有限合伙人应当承担赔偿责任。

69．【答案】　C

【解析】《中华人民共和国合伙企业法》第六十四条规定，有限合伙人可以用货币、实物、知识产权、土地使用权或者其他财产权利作价出资。有限合伙人不得以劳务出资。

70．【答案】　A

【解析】合伙企业未在其名称中标明"普通合伙"、"特殊普通合伙"或者"有限合伙"字样的，由企业登记机关责令限期改正，处以2000元以上10000元以下的罚款。

71．【答案】　D

【解析】《中华人民共和国信托法》第三十九条规定，受托人有以下情形之一的，其职责终止：（一）死亡或者被依法宣告死亡；（二）被依法宣告为无民事行为能力人或者限制民事行为能力人；（三）被依法撤销或者被宣告破产；（四）依法解散或者法定资格丧失；（五）辞任或者被解任；（六）法律、行政法规规定的其他情形。受托人职责终止时，其继承人或者遗产管理人、监护人、清算人应当妥善保管信托财产，协助新受托人接管信托事务。

72．【答案】　D

【解析】D项，根据《私募投资基金监督管理暂行办法》第十五条，私募基金管理人、私募基金销售机构不得向投资者承诺投资本金不受损失或者承诺最低收益。

73．【答案】　A

【解析】根据《私募投资基金监督管理暂行办法》第十七条，私募基金管理人自行销售或者委托销售机构销售私募基金，应当自行或者委托第三方机构对私募基金进行风险评级，向风险识别能力和风险承担能力相匹配的投资者推介私募基金。

74．【答案】　D

【解析】中国证券监督管理委员会将私募基金管理人、私募基金托管人、私募基金销售机构及其他私募服务机构及其从业人员诚信信息记入证券期货市场诚信档案数据库，并根据私募基金管理人的信用状况，实施差异化监管。

75．【答案】　B

【解析】《私募投资基金管理人登记和基金备案办法（试行）》第四条规定，私募基金管理人应当提供私募基金登记和备案所需的文件和信息，保证所提供文件和信息的真实性、准确性、完整性。

76．【答案】　B

【解析】私募基金管理人应当在每月结束之日起5个工作日内，更新所管理的私募证券投资基金相关信息,包括基金规模、单位净值、投资者数量等。

77.【答案】 A

【解析】《私募投资基金管理人登记和基金备案办法(试行)》第二十条规定,私募基金管理人应当在每季度结束之日起10个工作日内,更新所管理的私募股权投资基金等非证券类私募基金的相关信息。包括认缴规模、实缴规模、投资者数量、主要投资方向等。

78.【答案】 D

【解析】《私募投资基金管理人登记和基金备案办法(试行)》第二十三条规定,私募基金运行期间,发生以下重大事项的,私募基金管理人应当在5个工作日内向中国证券投资基金业协会报告:(一)基金合同发生重大变化;(二)投资者数量超过法律法规规定;(三)基金发生清盘或清算;(四)私募基金管理人、基金托管人发生变更;(五)对基金持续运行、投资者利益、资产净值产生重大影响的其他事件。

79.【答案】 D

【解析】根据《私募投资基金管理人登记和基金备案办法(试行)》第三十条规定,私募基金管理人、高级管理人员及其他从业人员存在以下情形的,中国证券投资基金业协会视情节轻重可以对私募基金管理人采取警告、行业内通报批评、公开谴责、暂停受理基金备案、取消会员资格等措施:(一)违反《中华人民共和国证券投资基金法》及本办法规定;(二)在私募基金管理人登记、基金备案及其他信息报送中提供虚假材料和信息,或者隐瞒重要事实;(三)法律法规、中国证券监督管理委员会及中国证券投资基金业协会规定的其他情形。

80.【答案】 C

【解析】根据《私募投资基金管理人内部控制指引》的规定,私募基金管理人最高权力机构对建立内部控制制度和维持其有效性承担最终责任,经营层对内部控制制度的有效执行承担责任。

81.【答案】 B

【解析】根据《私募投资基金管理人内部控制指引》第五条规定,私募基金管理人内部控制应当遵循以下原则:(一)全面性原则;(二)相互制约原则;(三)执行有效原则;(四)独立性原则,各部门和岗位职责应当保持相对独立,基金财产、管理人固有财产、其他财产的运作应当分离;(五)成本效益原则;(六)适时性原则。

82.【答案】 C

【解析】根据《私募投资基金信息披露管理办法》第十八条,除ABD三项外,发生以下重大事项的,信息披露义务人应当按照基金合同的约定及时向投资者披露:①基金名称、注册地址、组织形式发生变更的;②变更基金管理人或托管人的;③管理人的法定代表人、执行事务合伙人(委派代表)、实际控制人发生变更的;④触及基金止损线或预警线的;⑤管理费率、托管费率发生变化的;⑥基金触发巨额赎回的;⑦基金发生清盘或清算的;⑧发生重大关联交易事项的;⑨基金管理人、实际控制人、高管人员涉嫌重大违法违规行为或正在接受监管部门或自律管理部门调查的;⑩涉及私募基金管理业务、基金财产、基金托管业务的重大诉讼、仲裁;⑪基金合同约定的影响投资者利益的其他重大事项。

83.【答案】 A

【解析】根据《私募投资基金信息披露管理办法》第十六条规定，私募基金运行期间，信息披露义务人应当在每季度结束之日起 10 个工作日以内向投资者披露基金净值、主要财务指标以及投资组合情况等信息。

84. 【答案】 B

【解析】《私募投资基金信息披露管理办法》第二十八条规定，私募基金管理人在一年之内两次被采取谈话提醒、书面警示、要求限期改正等纪律处分的，中国证券投资基金业协会可对其采取加入黑名单、公开谴责等纪律处分；在两年之内两次被采取加入黑名单、公开谴责等纪律处分的，由中国证券投资基金业协会移交中国证券监督管理委员会处理。

85. 【答案】 A

【解析】《私募投资基金合同指引1号（契约型私募基金合同内容与格式指引）》第四条规定，基金合同当事人应当遵循平等自愿、诚实信用、公平原则订立基金合同，维护投资者合法权益，不得损害国家利益和社会公共利益。

86. 【答案】 D

【解析】根据《私募投资基金合同指引1号（契约型私募基金合同内容与格式指引）》第二十条，除 ABC 三项外，私募基金管理人的权利还包括但不限于：①按照有关规定和基金合同约定行使因基金财产投资所产生的权利；②私募基金管理人为保护投资者权益，可以在法律法规规定范围内，根据市场情况对本基金的认购、申购业务规则（包括但不限于基金总规模、单个基金投资者首次认购、申购金额、每次申购金额及持有的本基金总金额限制等）进行调整；③以私募基金管理人的名义，代表私募基金与其他第三方签署基金投资相关协议文件、行使诉讼权利或者实施其他法律行为。D 项属于私募基金管理人的义务。

87. 【答案】 B

【解析】根据《私募投资基金合同指引1号（契约型私募基金合同内容与格式指引）》第二十九条，按照基金合同的约定，基金份额持有人大会可以设立日常机构，行使下列职权：①召集基金份额持有人大会；②提请更换基金管理人、基金托管人；③监督基金管理人的投资运作、基金托管人的托管活动；④提请调整基金管理人、基金托管人的报酬标准；⑤基金合同约定的其他职权。

88. 【答案】 D

【解析】根据《私募投资基金合同指引1号（契约型私募基金合同内容与格式指引）》第五十七条，私募基金财产清算的有关事项包括：①私募基金财产清算小组；②私募基金财产清算的程序；③清算费用的来源和支付方式；④私募基金财产清算剩余资产的分配；⑤私募基金财产清算报告的告知安排；⑥私募基金财产清算账册及文件的保存。

89. 【答案】 D

【解析】根据《私募投资基金合同指引1号（契约型私募基金合同内容与格式指引）》第十条，私募基金管理人承诺按照恪尽职守、诚实信用、谨慎勤勉的原则管理运用基金财产，不对基金活动的盈利性和最低收益作出承诺。

90. 【答案】 B

【解析】根据《私募投资基金合同指引1号（契约型私募基金合同内容与格式指引）》第二十四条，契约型私募基金合同应订明私募基金托管人的权利，包括但不限于：①按照基金合同的约定，及时、足额获得私募基金托管费用；②依据法律法规规定和基金合同约定，监督私募基金管理人对基金财产的投资运作，对于私募基金管理人违反法律法规规定和基金合同约定、对基金财产及其他当事人的利益造成重大损失的情形，有权报告中国基金业协会并采取必要措施；③按照基金合同约定，依法保管私募基金财产。B项属于基金托管人的义务。

91.【答案】 D

【解析】《私募投资基金合同指引1号（契约型私募基金合同内容与格式指引）》第四十七条规定，订明私募基金管理人、私募基金托管人应当按照《私募投资基金信息披露管理办法》的规定及基金合同约定如实向投资者披露以下事项：（一）基金投资情况；（二）资产负债情况；（三）投资收益分配；（四）基金承担的费用和业绩报酬（如有）；（五）可能存在的利益冲突、关联交易以及可能影响投资者合法权益的其他重大信息；（六）法律法规及基金合同约定的其他事项。

92.【答案】 C

【解析】根据《私募投资基金合同指引1号（契约型私募基金合同内容与格式指引）》第十条规定，订明私募基金管理人、私募基金托管人及私募基金投资者的声明与承诺，并用加粗字体在合同中列明，包括但不限于：私募基金投资者声明其为符合《私募投资基金监督管理暂行办法》规定的合格投资者，保证财产的来源及用途符合国家有关规定，并已充分理解本合同条款，了解相关权利义务，了解有关法律法规及所投资基金的风险收益特征，愿意承担相应的投资风险；私募基金投资者承诺其向私募基金管理人提供的有关投资目的、投资偏好、投资限制、财产收入情况和风险承受能力等基本情况真实、完整、准确、合法，不存在任何重大遗漏或误导。前述信息资料如发生任何实质性变更，应当及时告知私募基金管理人或募集机构。私募基金投资者知晓，私募基金管理人、私募基金托管人及相关机构不应对基金财产的收益状况做出任何承诺或担保。

93.【答案】 C

【解析】《私募投资基金合同指引1号（契约型私募基金合同内容与格式指引）》第二十八条规定，列明应当召开基金份额持有人大会的情形，并订明其他可能对基金份额持有人权利义务产生重大影响需要召开基金份额持有人大会的情形：（一）决定延长基金合同期限；（二）决定修改基金合同的重要内容或者提前终止基金合同；（三）决定更换基金管理人、基金托管人；（四）决定调整基金管理人、基金托管人的报酬标准；（五）基金合同约定的其他情形。

94.【答案】 B

【解析】《私募投资基金合同指引1号（契约型私募基金合同内容与格式指引）》第五十四条规定，基金合同变更的条件、程序：（一）需要变更基金合同重要内容的，可由全体投资者、私募基金管理人和私募基金托管人协商一致变更，或按照基金合同的约定召开基金份额持有人大会决议通过，或按照相关法律法规规定和基金合同约定的其他方式进行变更；（二）订明基金合同重大事项发生变更的，私募基金管理人应按照中国证券投资基金业协会要求及时向中国证券投资基金业协会报告。

95.【答案】 C

【解析】合伙型股权投资基金合伙协议应约定由普通合伙人担任执行事务合伙人，执行事务合伙人有权对合伙企业的财产进行投资、管理、运用和处置，并接受其他普通合伙人和有限合伙人的监督。

96.【答案】 D

【解析】根据《私募投资基金募集行为管理办法》第十九条，募集机构应建立科学有效的投资者问卷调查评估方法，确保问卷结果与投资者的风险识别能力和风险承担能力相匹配。募集机构应当在投资者自愿的前提下获取投资者问卷调查信息。问卷调查主要内容应包括但不限于以下方面：①投资者基本信息；②财务状况；③投资知识；④投资经验；⑤风险偏好。

97.【答案】 C

【解析】根据《私募投资基金募集行为管理办法》第二十二条，私募基金推介材料应由私募基金管理人制作并使用。私募基金管理人应当对私募基金推介材料内容的真实性、完整性、准确性负责。

98.【答案】 C

【解析】私募基金服务机构与私募基金管理人之间的业务合作，应注意各类主体的法律关系、职责范围和法律风险。基金业协会将持续关注私募基金相关参与主体业务发展情况，并适时开展自律检查和核查工作。

99.【答案】 D

【解析】根据《私募基金登记备案相关问题解答（二）》，对于符合以下条件没有管理过基金的机构，协会予以办理登记：①高管人员具有相应的投资管理从业经历；②基金管理人具备适当资本，以能够支持其基本运营；③机构具备满足业务运营需要的场所、设施和基本管理制度。

100.【答案】 A

【解析】根据《私募基金登记备案相关问题解答（九）》，资格认定委员会由中国证券投资基金业协会理事（不含非会员理事）、监事及私募基金相关专业委员会委员构成。

全国基金从业人员执业资格认证考试热题库

《私募股权投资基金基础知识》模拟试卷(二)

单项选择题(共100题,每小题1分,共100分。以下备选项中只有一项符合题目要求,不选、错选均不得分)

1. 下列关于股权投资基金资产配置特点的说法中,正确的是( )。
   A. 高风险、高收益　　　　　　　　B. 高风险、低收益
   C. 低风险、低收益　　　　　　　　D. 低风险、高收益

2. 下列关于我国股权投资基金发展现状的描述,错误的是( )。
   A. 当前我国已成为全球第一大股权投资市场
   B. 股权投资基金行业有力地促进了创新创业和经济结构转型升级
   C. 股权投资基金行业从发展初期阶段的政府和国有企业主导逐步转变为市场化主体主导
   D. 股权投资基金行业有力地推动了直接融资和资本市场在我国的发展,为互联网等新兴产业在我国的发展发挥了重大作用

3. 股权投资基金通常需要( )年能完成投资的全部流程实现退出。
   A. 1~3　　　　B. 2~4　　　　C. 3~7　　　　D. 4~7

4. 以下对股权投资基金投资者性质的描述,错误的是( )。
   A. 基金的出资人　　　　　　　　B. 基金资产的所有者
   C. 基金产品的募集者　　　　　　D. 基金投资回报的受益人

5. 公司型基金中,投资者可通过( )委任并监督基金管理人。
   A. 执行董事　　　　　　　　　　B. 高级管理层
   C. 股东大会和董事会　　　　　　D. 监事会

6. ( )年后,中国市场则逐步升温,内资人民币股权投资基金开始崛起。
   A. 2008　　　　B. 2009　　　　C. 2010　　　　D. 2011

7. 政府引导基金鼓励创业投资基金投资处于( )的企业。
   Ⅰ.种子期　　　Ⅱ.成长期　　　Ⅲ.起步期　　　Ⅳ.成熟期
   A. Ⅰ、Ⅲ　　　B. Ⅱ、Ⅳ　　　C. Ⅱ、Ⅲ　　　D. Ⅰ、Ⅳ

8. 以下关于股权投资基金募集机构的责任与义务的描述,错误的是( )。
   A. 募集机构应判断投资者是否具备承担相应投资风险的能力,应以一定的资产价值和收入作为衡量标准,并且对投资者所能承担的风险能力进行测试
   B. 基金管理人委托基金销售机构募集基金的,不得因委托募集免除基金管理人依法承担的责任
   C. 募集机构及其从业人员不得从事利用基金相关的已公开信息进行交易的违法活动

D. 任何机构和个人不得为规避合格投资者标准,募集以基金份额或其收益权为投资标的的金融产品,或者将基金份额或其收益权进行非法拆分转让

9. 涉及基金募集结算资金专用账户开立、使用的机构不得将基金募集结算资金归入其（　　）。
   A. 固有财产　　　B. 破产财产　　　C. 自有财产　　　D. 清算财产

10. 基金募集机构主要分为直接募集机构和受托募集机构两种,其中直接募集机构是指（　　）。
    A. 基金销售机构　　　　　　　B. 基金托管人
    C. 基金管理人　　　　　　　　D. 投资者

11. 募集机构及其从业人员不得从事（　　）等违法活动。
    Ⅰ. 利用基金相关的未公开信息进行交易　Ⅱ. 侵占客户资金
    Ⅲ. 侵占基金财产　　　　　　　　　　Ⅳ. 为客户代签合同
    A. Ⅰ、Ⅱ、Ⅲ　　B. Ⅰ、Ⅱ、Ⅳ　　C. Ⅱ、Ⅲ、Ⅳ　　D. Ⅰ、Ⅲ、Ⅳ

12. 在股权投资基金募集流程中的回访确认环节,回访内容不包括（　　）。
    A. 确认受访人是否为投资者本人或机构
    B. 确认投资者是否已经阅读并理解基金合同和风险揭示的内容
    C. 确认投资者是否能够获得保证投资收益
    D. 确认投资者是否知悉未来可能承担投资损失

13. 投资者应当以（　　）方式承诺其为自己购买基金,任何机构和个人不得以非法拆分转让为目的购买基金。
    A. 口头　　　B. 书面　　　C. 电子邮件　　　D. 传真

14. 有限合伙人为自然人,股息红利和股权转让所得均按照投资者个人的"生产、经营所得",适用（　　）的超额累进税率,计缴个人所得税。
    A. 5%~15%　　B. 5%~35%　　C. 10%~35%　　D. 10%~25%

15. 影响股权投资基金组织形式选择的因素不包括（　　）。
    A. 法律依据　　B. 监管要求　　C. 董事长声誉　　D. 税负

16. 设立外商投资创业投资企业,至少有（　　）个投资者应符合必备投资者的要求。
    A. 五　　　　B. 二　　　　C. 三　　　　D. 一

17. （　　）是指当所投资的企业达到预定条件时,股权投资基金将投资的资本及时收回的过程。
    A. 项目立项　　B. 项目退出　　C. 投资决策　　D. 投资后管理

18. 下列有关市盈率法的说法正确的是（　　）。
    A. 动态市盈率使用的净利润为上市公司上一财政年度公布的净利润
    B. 静态市盈率反映的信息要比动态市盈率更加贴近当前实际
    C. 市盈率指标不受经济周期的影响
    D. 市盈率等于企业股权价值与净利润的比值（每股价格/每股净利润）

19. 以下关于企业股权价值的计算公式,错误的是（　　）。
    Ⅰ. 企业股权价值 = EBITDA × 市净率

Ⅱ．企业股权价值＝销售收入×市销率
Ⅲ．企业股权价值＝企业净利润×市盈率
Ⅳ．企业股权价值＝股东权益账面价值×市现率

A．Ⅰ、Ⅳ　　　B．Ⅰ、Ⅳ、Ⅲ　　　C．Ⅲ、Ⅳ　　　D．Ⅰ、Ⅱ、Ⅲ、Ⅳ

20．以下有关账面价值的说法中，正确的有（　　）。
Ⅰ．指的是公司资产负债的净值
Ⅱ．账面价值法的主观因素较大
Ⅲ．要评估标的公司的真正价值，必须对资产负债的各个项目作出必要调整
Ⅳ．在调整的基础上，得出双方都可接受的公司价值

A．Ⅰ、Ⅱ　　　B．Ⅰ、Ⅲ　　　C．Ⅰ、Ⅳ　　　D．Ⅰ、Ⅲ、Ⅳ

21．投资协议中，保护性条款通常会赋予股权投资基金作为投资人对一些特定重大事项的（　　）。

A．人事任免权　　B．分类表决权　　C．同等表决权　　D．一票否决权

22．股权投资基金投资协议与投资备忘录约定的内容主要涉及企业的（　　）。
Ⅰ．现金流量权　　Ⅱ．剩余索取权　　Ⅲ．估值　　Ⅳ．控制权

A．Ⅰ、Ⅱ、Ⅲ、Ⅳ　　　　B．Ⅰ、Ⅱ、Ⅲ
C．Ⅰ、Ⅱ、Ⅳ　　　　　　D．Ⅲ、Ⅳ

23．保密条款是指除当法律要求或/和遵守相关监督机构/权威机构（视情况而定）的披露要求外，投资协议中规定投资方应对投资中了解的目标公司的（　　）和其他信息承担保密义务，保证不将这些信息泄露给第三方。

A．内幕信息　　B．高管人数　　C．发票报销　　D．商业秘密

24．境内股权投资基金投资于境外企业，应遵循商务部颁布的（　　）。
A．《中外合作经营企业法》
B．《境外投资管理办法》
C．《中外合资经营企业法》
D．《外国投资者对上市公司战略投资管理办法》

25．股东大会是公司的最高权力机构，其职责不包括（　　）。
A．修改公司章程　　　　　　B．批准公司发展战略
C．审批重大关联交易　　　　D．聘任和解聘公司董事

26．以下不是股权投资基金投资后管理的作用的是（　　）。
A．保证资金安全　　　　　　B．重估被投资企业的投资价值
C．增加投资收益　　　　　　D．提升被投资企业自身价值

27．以下不是我国创业板上市基本要求的是（　　）。
A．应当主要经营一种业务，其生产经营活动符合法律、行政法规和公司章程的规定，符合国家产业政策及环境保护政策
B．发行人资产完整，业务及人员、财务、机构独立，具有完整的业务体系和直接面向市场独立经营的能力
C．具有完善的公司治理结构，依法建立健全股东大会、董事会、监事会以及独立

董事、董事会秘书、审计委员会制度，相关机构和人员能够依法履行职责

D. 最近三年主营业务、董事和高级管理人员没有重大变动，实际控制人没有变更

28. 关于股份有限公司在全国中小企业股份转让系统挂牌的条件，下列选项中错误的是（ ）。

    A. 最近两年连续盈利，最近两年净利润累计不少于1000万元
    B. 依法设立存续满2年，有限责任公司按原账面净资产值折股整体变更为股份有限公司的，存续时间可以从公司成立之日起计算
    C. 业务明确，具有持续经营能力
    D. 主办券商推荐并持续督导

29. 关于我国证券交易市场上市要求，下列选项中正确的是（ ）。

    A. 主板和中小板要求企业最近2年连续盈利，最近2年净利润累计不少于3000万元，且持续增长；或者最近1年盈利，且净利润不少于1000万元
    B. 创业板要求公司股本总额不少于人民币5000万元，公开流通的部分不少于20%
    C. 主板和中小板要求企业最近1年营业收入不少于5000万元，最近两年营业收入增长率均不低于30%
    D. 创业板要求企业最近一期期末资产不少于2000万元，且不存在未弥补亏损

30. 已上市企业股份转让的交易机制包括（ ）。

    Ⅰ．委托驱动制度　　　　　　　Ⅱ．协议大宗交易
    Ⅲ．协议转让　　　　　　　　　Ⅳ．盘后定价大宗交易
    A．Ⅰ、Ⅱ、Ⅲ　　B．Ⅰ、Ⅱ、Ⅳ　　C．Ⅱ、Ⅲ、Ⅳ　　D．Ⅰ、Ⅱ、Ⅲ、Ⅳ

31. 新三板交易规则中，投资者委托不可以撤销的是（ ）。

    A. 意向委托   B. 定价委托
    C. 成交确认委托   D. 已经报价系统确认成交的委托

32. 根据转让主体类型的不同，协议转让可以分为（ ）。

    A. 协议收购、对价偿还、股份回购   B. 流通股协议转让和非流通股协议转让
    C. 协议收购和流通股协议转让   D. 国有股协议转让和非国有股协议转让

33. （ ）是指通常由被投资企业大股东或创始股东出资购买股权投资基金持有的企业股份，从而使股权投资基金实现退出的行为。

    A. 股权转让   B. 企业收购   C. 协议转让   D. 股权回购

34. 在国有股权非上市转让中，采用分期付款方式的，首期付款不得低于总价款的（ ），并在合同生效之日起（ ）个工作日内支付。

    A. 20%；10   B. 10%；5   C. 15%；10   D. 30%；5

35. 合伙协议未对合伙型股权投资基金利润分配、亏损分担作出约定的，应由合伙人（ ）。

    A. 平均分配、分担   B. 协商决定
    C. 按照计划出资比例分配、分担   D. 按照实缴出资比例分配、分担

36. 下列关于契约型股权投资基金申购、赎回的操作方法的说法错误的是（ ）。

    A. 封闭式运作的契约型股权投资基金，存续期内不能申购和赎回

B. 开放式运作的契约型股权投资基金,存续期内可按基金合同的约定开放申购和赎回

C. 由基金托管人进行托管的,申购、赎回的价格由基金托管人进行复核

D. 申购、赎回的价格由基金托管人计算

37. 契约型股权投资基金的基金投资者可依法转让其持有的基金份额,转让后其基金的合格投资者人数不得超过(   )人。
    A. 100   B. 120   C. 160   D. 200

38. 有限责任公司型股权投资基金投资者(股东)可以相互转让其持有的股权,但对外转让一般需经其他股东(   )同意,且其他股东有优先受让权。
    A. 1/3   B. 1/4   C. 1/2   D. 过半数

39. 基金管理人应当组织清算小组对基金财产进行清算,清算小组的组成不包括(   )。
    A. 基金管理人   B. 基金份额持有人
    C. 基金托管人   D. 中介服务机构

40. 以下有关公司型股权投资基金的清算顺序的说法中,正确的是(   )。
    A. 缴纳所欠税款、支付清算费用、清偿公司债务、分配剩余财产
    B. 缴纳所欠税款、清偿公司债务、支付清算费用、分配剩余财产
    C. 清偿公司债务、支付清算费用、缴纳所欠税款、分配剩余财产
    D. 支付清算费用、缴纳所欠税款、清偿公司债务、分配剩余财产

41. 股权投资基金财产清算小组的职责不包括(   )。
    A. 基金财产的变现和分配   B. 基金财产的保管
    C. 基金财产的估价   D. 基金财产的投资

42. 基金业务外包服务机构开展估值核算业务,其基本职责不包括(   )。
    A. 基金估值、信息披露   B. 基金会计核算
    C. 相关数据的收集与筛选   D. 相关业务资料的保存管理

43. 以下关于有限责任公司新增资本的说法错误的是(   )。
    A. 股东有权优先按照实缴的出资比例认缴出资
    B. 由股东会决议,必须经代表1/3以上表决权的股东通过
    C. 为增加注册资本发行新股时,股东认购新股,依照《中华人民共和国公司法》设立股份有限公司缴纳股款的有关规定执行
    D. 全体股东有权约定不按照出资比例优先认缴出资

44. 有关公司的利润分配和清算规则,以下说法正确的是(   )。
    A. 公司从税后利润中提取法定公积金后,不得再从税后利润中提取任意公积金
    B. 公司弥补亏损和提取公积金后所余税后利润,有限责任公司股东按照股东持有的股份比例分取红利
    C. 有限责任公司的清算组由股东组成,股份有限公司的清算组由董事或者股东大会确定的人员组成
    D. 在申报债权期间,清算组应先对债权人进行清偿

45. 目前企业所得税税率一般为（ ）。
    A. 5%　　　　　　B. 10%　　　　　　C. 15%　　　　　　D. 25%
46. 不属于构成非法吸收公众存款或者变相吸收公众存款条件的是（ ）。
    A. 虚构、夸大集资人的投资管理能力或历史投资回报
    B. 通过媒体、推介会、传单、手机短信等途径向社会公开宣传
    C. 未经有关部门依法批准或者借用合法经营的形式吸收资金
    D. 承诺在一定期限内以货币、实物、股权等方式还本付息或者给付回报
47. 因未备案首只私募基金产品而被注销登记的私募基金管理人可按要求重新申请私募基金管理人登记，对符合要求的申请机构，将在（ ）网站上公示私募基金管理人的基本情况。
    A. 中国银行业监督管理委员会　　　B. 中国证券监督管理委员会
    C. 中国证券投资基金业协会　　　　D. 中国证券业协会
48. 新申请股权投资基金管理人登记的机构应根据其拟申请的私募基金管理业务类型建立与之相适应的制度，包括（ ）。
    Ⅰ. 信息披露制度　　　　　　　　Ⅱ. 运营风险控制制度
    Ⅲ. 合格投资者风险揭示制度　　　Ⅳ. 利益冲突的投资交易制度
    A. Ⅰ、Ⅱ、Ⅲ　　B. Ⅰ、Ⅱ、Ⅳ　　C. Ⅱ、Ⅲ、Ⅳ　　D. Ⅰ、Ⅱ、Ⅲ、Ⅳ
49. 基金募集过程中，募集机构的责任不包括（ ）。
    A. 特定对象确定　　　　　　　　B. 投资者适当性审查
    C. 合格投资者确认　　　　　　　D. 基金合同约定的受托责任
50. 以下关于基金的登记的说法，错误的是（ ）。
    A. 基金份额登记具有确定和变更基金份额持有人及其权利的法律效力
    B. 对于不同基金品种，份额登记时间可能不一样
    C. 建立并管理投资者基金份额账户是基金注册登记机构的主要职责之一
    D. 我国开放式基金的登记业务只能由基金管理人办理
51. 从事证券投资基金活动，应当遵循（ ）的原则。
    A. 高风险高收益　　　　　　　　B. 自愿、公平、诚实信用
    C. 基金投资者收益最大化　　　　D. 安全收益
52. 设立管理公开募集基金的基金管理公司，主要股东应当具有经营金融业务或管理金融机构的良好业绩等，（ ）没有违法记录。
    A. 最近3年　　　B. 最近4年　　　C. 最近5年　　　D. 最近6年
53. 基金管理公司应按照基金合同的规定及时地向（ ）支付基金收益。
    A. 基金管理人　　B. 基金托管人　　C. 基金发起人　　D. 基金份额持有人
54. 下列关于基金份额上市交易应符合条件的说法中，错误的是（ ）。
    A. 基金份额持有人不少于1000人
    B. 基金合同期限为3年以上
    C. 基金的募集符合《中华人民共和国证券投资基金法》的规定
    D. 基金募集金额不低于2亿元人民币

55. 基金财产不得进行的投资是（   ）。
    A. 上市交易的股票
    B. 国务院证券监督管理机构规定的其他证券及其衍生品种
    C. 从事承担无限责任的投资
    D. 上市交易的债券

56. 以下有关基金份额持有人大会的说法中，错误的是（   ）。
    A. 有代表 1/2 以上基金份额的持有人参加，基金份额持有人大会方可召开
    B. 召集人应当至少提前 30 日公告大会相关事宜
    C. 每一基金份额具有一票表决权
    D. 基金份额持有人大会只能采取现场方式召开

57. 未经核准，擅自从事基金托管业务的，应承担的责任是（   ）。
    Ⅰ. 责令停止，没收违法所得，并处违法所得 1 倍以上 5 倍以下的罚款
    Ⅱ. 责令改正，没收违法所得，并处 10 万元以上 100 万元以下的罚款
    Ⅲ. 没有违法所得或违法所得不足 100 万元的，并处 10 万元以上 100 万元以下的罚款
    Ⅳ. 对直接负责的主管人员和其他直接责任人员给予警告，并处 3 万元以上 30 万元以下的罚款
    A. Ⅰ、Ⅱ、Ⅲ、Ⅳ   B. Ⅲ、Ⅳ
    C. Ⅰ、Ⅱ   D. Ⅰ、Ⅲ、Ⅳ

58. 根据《中华人民共和国公司法》的规定，以下说法中，错误的是（   ）。
    A. 公司是企业法人，有独立的法人财产，享有法人财产权
    B. 股份有限公司的股东以其全部财产对公司承担责任
    C. 有限责任公司的股东以其认缴的出资额为限对公司承担责任
    D. 公司以其全部财产对公司的债务承担责任

59. 甲、乙、丙、丁四人拟共同出资设立一个贸易有限责任公司，注册资本为 50 万元。其草拟的公司章程记载的下列事项中，符合公司法律制度规定的是（   ）。
    A. 公司由副经理担任法定代表人
    B. 公司不设监事会，由乙担任监事，任期为 2 年
    C. 甲、乙、丙、丁首次出资额各为 5 万元，其余部分出资自公司成立之日起 4 年内缴足
    D. 股东向股东以外的人转让股权，应当经其他股东过半数同意

60. 根据公司法律制度的规定，以下关于公司职工代表的表述中，错误的是（   ）。
    A. 股份有限公司监事会成员中应当包括公司职工代表
    B. 股份有限公司董事会成员中应当包括公司职工代表
    C. 国有独资公司董事会成员中应当包括公司职工代表
    D. 国有独资公司监事会成员中应当包括公司职工代表

61. 根据《中华人民共和国公司法》的规定，下列有关公司组织机构的表述中，正确的是（   ）。

A. 股东人数较少或者规模较小的有限责任公司可以不设监事会，也可以不设监事
B. 一人有限责任公司不设股东会
C. 国有独资公司的董事长由董事会以全体董事的过半数选举产生
D. 股份有限公司的董事会成员中应当有公司职工代表

62. 有限责任公司监事的任期每届为（　　）年。监事任期届满，连选可以连任。
    A. 3　　　　　　B. 4　　　　　　C. 5　　　　　　D. 6

63. 上市公司董事与董事会会议决议事项所涉及的企业有关联关系的，董事会会议所作决议须经（　　）通过。
    A. 2/3 以上无关联关系董事　　　　B. 全体无关联关系董事
    C. 1/3 以上无关联关系董事　　　　D. 无关联关系董事过半数

64. 公司分立，应当编制资产负债表及财产清单。公司应当自作出分立决议之日起 10 日内通知债权人，并于（　　）日内在报纸上公告。
    A. 5　　　　　　B. 15　　　　　C. 25　　　　　D. 30

65. 办理登记时虚报注册资本的、责令改正，以虚报注册资本金额（　　）的罚款。
    A. 10% 以下　　　　　　　　　　B. 5% 以上 15% 以下
    C. 10% 以上　　　　　　　　　　D. 25%

66. 合伙人在不给合伙企业事务执行造成不利影响的情况下，合伙协议又没有约定合伙期限的，可以退伙，并应当提前（　　）日通知其他合伙人。
    A. 30　　　　　　B. 40　　　　　C. 50　　　　　D. 60

67. 中国证券投资基金业协会应当在私募基金备案材料齐备后的（　　）内，通过网站公告私募基金名单及其基本情况的方式，为私募基金办结备案手续。
    A. 10 日　　　　B. 15 日　　　　C. 20 个工作日　　D. 15 个工作日

68. 私募基金管理人应当根据规定向中国证券投资基金业协会申请登记，需要报送的基本信息包括（　　）。
    Ⅰ. 公司章程或者合伙协议　　　　Ⅱ. 主要股东或者合伙人名单
    Ⅲ. 基金托管人的基本情况　　　　Ⅳ. 工商登记和营业执照正副本复印件
    A. Ⅰ、Ⅱ、Ⅲ、Ⅳ　　　　　　　B. Ⅲ、Ⅳ
    C. Ⅰ、Ⅱ、Ⅳ　　　　　　　　　D. Ⅰ、Ⅲ

69. 各类私募基金募集完毕，私募基金管理人应当根据中国证券投资基金业协会的规定，办理基金备案手续，报送的基本信息包括（　　）。
    Ⅰ. 基金合同、公司章程或者合伙协议
    Ⅱ. 主要投资方向及根据主要投资方向注明的基金类别
    Ⅲ. 中国证券投资基金业协会规定的其他信息
    Ⅳ. 采取委托管理方式的，应当报送委托管理协议
    A. Ⅲ、Ⅳ　　　　　　　　　　　B. Ⅰ、Ⅱ、Ⅲ、Ⅳ
    C. Ⅰ、Ⅱ、Ⅳ　　　　　　　　　D. Ⅱ、Ⅲ

70. 私募基金管理人应当于每个会计年度结束后的（　　）个月内，向中国证券投资基金业协会报送经会计师事务所审计的年度财务报告和所管理私募基金年度投资运作

基本情况。
A. 4　　　　　　B. 3　　　　　　C. 1　　　　　　D. 2

71. 股权投资基金行业的市场主体违反法律、行政法规及部门规章，中国证监会及其派出机构可对其采取的行政监管措施包括（　　）。
Ⅰ.责令改正　　Ⅱ.监管谈话　　Ⅲ.出具警示函　　Ⅳ.公开谴责
A. Ⅰ、Ⅱ、Ⅲ、Ⅳ　　　　　　B. Ⅰ、Ⅱ、Ⅳ
C. Ⅰ、Ⅲ、Ⅳ　　　　　　　　D. Ⅰ、Ⅱ、Ⅲ

72. 经登记后的私募基金管理人依法解散的，基金业协会应当及时（　　）基金管理人登记。
A. 保存　　　　　B. 保留　　　　　C. 撤回　　　　　D. 注销

73. 私募基金管理人登记备案系统，应如实填报的信息包括（　　）。
Ⅰ.高级管理人员基本信息　　Ⅱ.基金管理人基本信息
Ⅲ.股东或合伙人基本信息　　Ⅳ.基金服务机构基本信息
A. Ⅰ、Ⅱ、Ⅲ　　B. Ⅱ、Ⅲ　　　C. Ⅱ、Ⅲ、Ⅳ　　D. Ⅰ、Ⅱ、Ⅳ

74. 基金业协会通过网站公示私募基金基本情况的方式为私募基金办结备案手续，公示的信息不包括私募基金的（　　）。
A. 备案时间　　　　　　　　　B. 基金份额持有人
C. 基金管理人　　　　　　　　D. 主要投资领域

75. 私募基金管理人应当在私募基金募集完毕后（　　）内，通过私募基金登记备案系统进行备案。
A. 10个工作日　　B. 10天　　　C. 5天　　　　D. 20个工作日

76. 私募基金管理人的高级管理人员包括（　　）。
Ⅰ.私募基金管理人的董事长
Ⅱ.私募基金管理人的总经理及副总经理
Ⅲ.私募基金管理人的财务风控负责人
Ⅳ.私募基金管理人的合规风控负责人
A. Ⅰ、Ⅱ　　　　B. Ⅱ、Ⅲ　　　C. Ⅰ、Ⅱ、Ⅲ　　D. Ⅰ、Ⅱ、Ⅳ

77. 1年累计（　　）以上未按时填报业务数据、进行信息更新的，中国证券投资基金业协会可以对主要责任人员采取警告措施，情节严重的向中国证券监督管理委员会报告。
A. 1次　　　　　B. 2次　　　　　C. 3次　　　　　D. 4次

78. 私募基金管理人的（　　）对建立内部控制制度和维持其有效性承担最终责任。
A. 负责合规风控的高级管理人员　　B. 经营管理层
C. 财务负责人　　　　　　　　　　D. 最高权力机构

79. 私募基金管理人内部控制应当遵循的原则不包括（　　）。
A. 全面性原则　　　　　　　　B. 独立性原则
C. 效益最大化原则　　　　　　D. 相互制约原则

80. 私募基金管理人实现业务流程控制的方式不包括（　　）。

A. 部门分设　　　B. 岗位分设　　　C. 外包　　　D. 职能分设

81. 私募基金进行托管的，私募基金托管人应当根据相关法律法规等的规定和基金合同的约定，对私募基金管理人编制的（　　）等向投资者披露的基金相关信息进行复核确认。

　　Ⅰ. 基金资产净值　　　　　　Ⅱ. 基金份额净值
　　Ⅲ. 基金份额申购赎回价格　　Ⅳ. 人员招聘计划
　　A. Ⅰ、Ⅱ　　B. Ⅱ、Ⅲ　　C. Ⅰ、Ⅱ、Ⅲ　　D. Ⅰ、Ⅱ、Ⅲ、Ⅳ

82. 私募基金募集期间，应当在招募说明书中向投资者披露的基金的基本信息不包括（　　）。

　　A. 最低认缴出资额　　　　B. 基金募集规模
　　C. 基金的投资目标　　　　D. 基金的存续期限

83. 私募基金运行期间，信息披露义务人应当在（　　）结束之日起（　　）个工作日以内向投资者披露基金净值等信息。

　　A. 每月度；5　　B. 每年度；15　　C. 每年度；10　　D. 每季度；10

84. 在私募基金运行期间，信息披露义务人未按照基金合同的约定及时向投资者披露涉及基金财产的重大诉讼、仲裁，中国证券投资基金业协会可以采取的措施不包括（　　）。

　　A. 行业内谴责　　　　　　B. 取消直接责任人的基金从业资格
　　C. 加入黑名单　　　　　　D. 限期改正

85. 契约型私募基金的基金托管人在监督私募基金管理人的投资运作过程中，发生下列（　　）情形的，应立即通知私募基金管理人。

　　Ⅰ. 发现私募基金管理人的投资指令违反基金合同约定
　　Ⅱ. 发现私募基金管理人的投资指令违反法律法规的规定
　　Ⅲ. 发现私募基金管理人依据交易程序已经生效的投资指令违反基金合同约定
　　Ⅳ. 发现私募基金管理人依据交易程序已经生效的投资指令违反法律法规的规定
　　A. Ⅰ、Ⅱ　　B. Ⅲ、Ⅳ　　C. Ⅰ、Ⅱ、Ⅲ　　D. Ⅰ、Ⅱ、Ⅲ、Ⅳ

86. 以下关于契约型私募基金会计政策的说法，错误的是（　　）。

　　A. 私募基金托管人应不定期与私募基金管理人就私募基金的会计核算、报表编制等进行核对
　　B. 基金合同中应订明会计年度、记账本位币、会计核算制度等事项
　　C. 私募基金应独立建账、独立核算
　　D. 私募基金管理人或其委托的外包服务机构应保留完整的会计账目、凭证并进行日常的会计核算，编制会计报表

87. 私募基金合同中，应当说明的私募基金财产投资的有关事项包括（　　）。

　　Ⅰ. 投资策略　　Ⅱ. 业绩比较基准　　Ⅲ. 投资限制　　Ⅳ. 投资预期业绩
　　A. Ⅰ、Ⅱ　　B. Ⅰ、Ⅱ、Ⅲ　　C. Ⅰ、Ⅲ、Ⅳ　　D. Ⅰ、Ⅱ、Ⅲ、Ⅳ

88. 私募基金管理人应当单独编制《风险揭示书》，私募基金投资者应充分了解并（　　）自身风险承受能力，并做出自愿承担风险的陈述和声明。

A. 夸大评估　　　B. 乐观评估　　　C. 谨慎评估　　　D. 随意评估

89. 以下有关私募投资基金管理人权利和义务的说法中，正确的是（　　）。
    A. 对所管理的业绩较差的基金财产关注少
    B. 利用基金财产投资者以外的人进行利益输送
    C. 在公众场合宣布私募基金的投资计划
    D. 对所管理的不同基金财产分别管理，分别记账、分别投资

90. 私募投资基金合同中，私募基金成立应该订立的相关事项不包括（　　）。
    A. 私募基金合同签署的方式　　　B. 私募基金申购和赎回的方式
    C. 私募基金成立的条件　　　　　D. 私募基金募集失败的处理方式

91. 以下私募基金投资者声明符合规定的是（　　）。
    A. 财产收入来源情况描述不清　　B. 声明需要保证基金本金不受损失
    C. 声明需要保证基金最低收益　　D. 声明自己是合格投资者

92. 公司型基金的管理方式包括（　　）。
    Ⅰ. 委托其他私募基金管理机构管理　　Ⅱ. 委托中国证券投资基金业协会管理
    Ⅲ. 自我管理　　　　　　　　　　　　Ⅳ. 委托私募基金外包机构管理
    A. Ⅰ、Ⅱ　　　B. Ⅰ、Ⅲ　　　C. Ⅰ、Ⅱ、Ⅳ　　　D. Ⅰ、Ⅲ、Ⅳ

93. 私募基金管理人通过（　　）形式募集设立私募投资基金的，应当按照《私募投资基金合同指引2号（公司章程必备条款指引）》制定公司章程。
    Ⅰ. 股份有限公司　　　　Ⅱ. 有限责任公司
    Ⅲ. 普通合伙　　　　　　Ⅳ. 有限合伙
    A. Ⅰ、Ⅱ　　　B. Ⅱ、Ⅲ　　　C. Ⅰ、Ⅲ、Ⅳ　　　D. Ⅱ、Ⅲ、Ⅳ

94. 私募基金推介材料内容与基金合同如有不一致，应向（　　）特别说明。
    A. 基金管理人　　　　　B. 中国基金业协会
    C. 基金托管人　　　　　D. 基金投资者

95. 以下有关股投资基金募集的说法中，错误的是（　　）。
    A. 募集机构及其从业人员向特定合格投资者推介私募基金
    B. 募集机构不允许非本机构雇佣的人员进行私募基金推介
    C. 募集机构可以帮助兄弟机构推介私募基金
    D. 募集机构及其从业人员在基金推介时禁止使用"欲购从速""申购良机"等片面强调集中营销时间限制的措辞

96. 投资回访的方式不包括（　　）。
    A. 录音电话　　　B. 登门拜访　　　C. 信函　　　D. 电子邮件

97. 私募投资基金合同应当约定，投资者在募集机构回访确认成功前（　　）基金合同。
    A. 必须执行　　　B. 有权解除　　　C. 无权解除　　　D. 无权执行

98. 私募投资基金合同中约定给投资者设置的投资冷静期应当不少于（　　）小时。
    A. 8　　　B. 12　　　C. 24　　　D. 48

99. 私募基金募集机构与投资者签署的风险揭示书中，关于私募基金的特殊风险内容含

混模糊,避重就轻,中国证券投资基金业协会可以对其采取的处罚措施不包括( )。
   A. 行业内谴责   B. 限期改正   C. 加入黑名单   D. 谈话提醒
100. 中国证券投资基金业协会颁布了一系列私募基金行业自律性规范文件,其意义不包括( )。
   A. 发挥行业自律的基础性作用
   B. 推动我国各类私募基金持续健康发展
   C. 营造规范、诚信、创新的私募行业发展环境
   D. 促进货币市场规范健康发展

模拟试卷(二)参考答案及解析

1. 【答案】 A
【解析】在资产配置中,货币市场基金、固定收益证券资产具有低风险、低期望收益的特点,股权投资基金具有高风险、高期望收益的特点。

2. 【答案】 A
【解析】经过多年探索,我国的股权投资基金行业获得了长足的发展,主要体现为三个方面:①市场规模增长迅速,当前我国已成为全球第二大股权投资市场;②市场主体丰富,行业从发展初期阶段的政府和国有企业主导逐步转变为市场化主体主导;③有力地促进了创新创业和经济结构转型升级,股权投资基金行业有力地推动了直接融资和资本市场在我国的发展,为互联网等新兴产业在我国的发展发挥了重大作用。

3. 【答案】 C
【解析】股权投资基金主要投资于未上市企业股权或上市企业的非公开交易股权,通常需要3~7年才能完成投资的全部流程实现退出,股权投资因此被称为"耐心的资本",股权投资基金也因而具有较长的封闭期。

4. 【答案】 C
【解析】股权投资基金投资者是基金的出资人、基金资产的所有者和基金投资回报的受益人。C项,股权投资基金管理人是基金产品的募集者和管理者,并负责基金资产的投资运作。

5. 【答案】 C
【解析】从投资者权利角度看,投资者作为公司的股东,可通过股东大会(股东会)和董事会委任并监督基金管理人。

6. 【答案】 A
【解析】2008年国际金融危机后,全球股权投资基金募资额屡创新低,而中国市场则逐步升温,内资人民币股权投资基金开始崛起。

7. 【答案】 A
【解析】政府引导基金通过鼓励创业投资基金投资处于种子期、起步期等创业早期的企业,弥补一般创业投资基金主要投资于成长期、成熟期企业的不足。

8. 【答案】 C

【解析】C 项，股权投资基金的募集机构及其从业人员不得从事侵占基金财产和客户资金、利用基金相关的未公开信息进行交易等违法活动。

9. 【答案】 C

【解析】涉及基金募集结算资金专用账户开立、使用的机构不得将基金募集结算资金归入其自有财产，禁止任何单位或者个人以任何形式挪用基金募集结算资金。

10. 【答案】 C

【解析】基金募集机构主要分为直接募集机构和受托募集机构两种。其中，直接募集机构是指基金管理人，受托募集机构是指基金销售机构。

11. 【答案】 A

【解析】募集机构及其从业人员不得从事侵占基金财产和客户资金、利用基金相关的未公开信息进行交易等违法活动。

12. 【答案】 C

【解析】选项 A、B、D 均属于募集流程中回访确认的回访内容，C 项则不属于。

13. 【答案】 B

【解析】投资者应当以书面方式承诺其为自己购买基金，任何机构和个人不得以非法拆分转让为目的购买基金。

14. 【答案】 B

【解析】合伙型基金的投资者作为有限合伙人，收入主要为两类：股息红利和股权转让所得。根据现行相关规定，如果有限合伙人为自然人，两类收入均按照投资者个人的"生产、经营所得"，适用 5%~35% 的超额累进税率，计缴个人所得税。

15. 【答案】 C

【解析】影响股权投资基金组织形式的因素众多，主要包括法律依据、监管要求、与股权投资业务的适应度及基金运营实务的要求，以及税负等。

16. 【答案】 D

【解析】根据《外商投资创业投资企业管理规定》，设立外商投资创业投资企业，至少有一个投资者应符合必备投资者的要求。

17. 【答案】 B

【解析】项目退出是指当所投资的企业达到预定条件时，股权投资基金将投资的资本及时收回的过程。

18. 【答案】 D

【解析】A 项，静态市盈率使用的净利润为上市公司上一财政年度公布的净利润，而动态市盈率采用的则是最近四个季度报告的净利润总和；B 项，动态市盈率反映的信息要比静态市盈率更加贴近当前实际，但季度财务报告通常没有经过审计，其可信度要低于经审计的年度净利润；C 项，企业的净利润容易受经济周期的影响，市盈率指标也一样受经济周期的影响。

19. 【答案】 A

【解析】Ⅰ项，企业股权价值 = 股东权益账面价值 × 市净率；Ⅳ项，企业股权价值 = EBITDA × 市现率。

20. 【答案】 D

【解析】账面价值是指公司资产负债的净值，但要评估标的公司的真正价值，还要对资产负债的各个项目作出必要调整，在此基础上，得出双方都可接受的公司价值。

21. 【答案】 D

【解析】保护性条款是为保护股权投资基金利益而进行的安排，根据该条款，目标企业在执行某些可能损害投资人利益或对投资人利益有重大影响的行为或交易前，应事先获得投资人的同意。保护性条款实际上赋予了股权投资基金作为投资人，对一些特定重大事项的一票否决权。

22. 【答案】 A

【解析】投资协议和投资备忘录中比较常见的条款主要是结合股权投资基金往往作为财务投资人的特殊性质，对企业的估值、控制权、现金流量权、剩余索取权等进行约定。

23. 【答案】 D

【解析】保密条款是指除当法律要求或/和遵守相关监管机构/权威机构（视情况而定）的披露要求外，投资协议中规定投资方应对投资中了解的目标公司的商业秘密和其他信息承担保密义务，保证不将这些信息泄露给第三方。此外，对于股权投资基金而言，其所投目标公司也属于商业秘密，所以保密条款也针对目标公司施加保密的义务，因此，保密条款有利于保护双方的利益。

24. 【答案】 B

【解析】境内股权投资基金投资于境外企业，应遵循商务部颁布的《境外投资管理办法》以及国家发展改革委颁布的《境外投资项目核准和备案管理办法》。

25. 【答案】 B

【解析】股东大会（股东会）是公司的最高权力机构，由全体股东组成，负责修改公司章程，聘任和解聘公司董事，公司上市、增资、减资、利润分配，审批重大关联交易等重大事项的决策。B项，批准公司发展战略属于董事会的职责。

26. 【答案】 B

【解析】对于股权投资基金而言，投资后的项目监控有利于及时了解被投资企业经营运作情况，并根据不同情况及时采取必要措施，保证资金安全；投资后的增值服务则有利于提升被投资企业自身价值，增加投资收益。此外，投资后管理对股权投资基金参与企业后续融资时的决策也起到重要的决策支撑作用。

27. 【答案】 D

【解析】D项，我国创业板上市基本要求之一为：最近两年主营业务、董事和高级管理人员没有重大变动，实际控制人没有变更。

28. 【答案】 A

【解析】关于股份有限公司在全国中小企业股份转让系统挂牌的条件除BCD三项外还包括：①公司治理机制健全，合法规范经营；②股权明晰，股票发行和转让行为合法合规；③全国股份转让系统公司要求的其他条件。

29. 【答案】 D

【解析】AC两项，境内主板上市要求发行人财务状况良好，最近3个会计年度净利润均为正数且累计超过人民币 3000 万元，净利润以扣除非经常性损益前后较低者为计算依据；最近 3 个会计年度经营活动产生的现金流量净额累计超过人民币 5000 万元，或者最近 3 个会计年度营业收入累计超过人民币 3 亿元；发行前股本总额不少于人民币 3000 万元；最近一期期末无形资产（扣除土地使用权、水面养殖权和采矿权等后）占净资产的比例不高于 20%；最近一期期末不存在未弥补亏损。B 项，创业板要求公司发行后股本总额不少于 3000 万元。

30. 【答案】　D

【解析】已上市企业股份转让的交易机制包括：竞价交易、大宗交易和协议转让。其中，竞价交易制度又称委托驱动制度；大宗交易分为协议大宗交易和盘后定价大宗交易。

31. 【答案】　D

【解析】投资者委托分为意向委托、定价委托和成交确认委托，委托当日有效。其中，意向委托、定价委托和成交确认委托均可撤销，但已经报价系统确认成交的委托不得撤销或变更。

32. 【答案】　D

【解析】协议转让是指买卖各方依据事先达成的转让协议，向股份上市所在证券交易所和登记机构申请办理股份转让过户的业务。其分类有：（1）根据转让情形的不同，可以分为协议收购、对价偿还、股份回购等。（2）根据转让股份类型的不同，上市公司股份协议转让可以分为流通股协议转让和非流通股协议转让。（3）根据转让主体类型的不同，可以分为国有股协议转让和非国有股协议转让。

33. 【答案】　D

【解析】A 项，股权转让是指非上市企业的股东依法将自己的股份让渡给他人，使他人成为公司股东的民事法律行为；B 项，企业收购是指一家企业用现金、股票或者债券等支付方式购买另一家企业的股票或者资产，以获得该企业控制权的行为；C 项，协议转让是指买卖各方依据事先达成的转让协议，向股份上市所在证券交易所和登记机构申请办理股份转让过户的业务。

34. 【答案】　D

【解析】在国有股权非上市转让中，采用分期付款方式的，首期付款不得低于总价款的 30%，并在合同生效之日起 5 个工作日内支付。

35. 【答案】　B

【解析】合伙型股权投资基金的利润分配、亏损分担，按照合伙协议的约定办理；合伙协议未约定或者约定不明确的，由合伙人协商决定；协商不成的，由合伙人按照实缴出资比例分配、分担；无法确定出资比例的，由合伙人平均分配、分担。

36. 【答案】　D

【解析】D 项，契约型股权投资基金申购、赎回的价格由基金管理人计算。

37. 【答案】　D

【解析】契约型股权投资基金的基金投资者可以依法转让其持有的基金份额，但基金份额受让人必须是合格投资者，转让后契约型股权投资基金的合格投资者人数不得超过 200 人。

38. 【答案】 D

【解析】有限责任公司型股权投资基金投资者人数不得超过50人，有一定的人合性特征，投资者（股东）可以相互转让其持有的股权，但对外转让一般需经其他股东过半数同意，且其他股东有优先受让权。

39. 【答案】 B

【解析】基金管理人应当组织清算小组对基金财产进行清算，清算小组由基金管理人、基金托管人以及相关中介服务机构组成。

40. 【答案】 D

【解析】公司型股权投资基金按照以下的顺序进行基金清算：公司财产在分别支付清算费用、职工的工资、社会保险费用和法定补偿金，缴纳所欠税款，清偿公司债务后的剩余财产，有限责任公司按照股东的出资比例分配，股份有限公司按照股东持有的股份比例分配。

41. 【答案】 D

【解析】基金清算小组（清算人）对基金资产进行清理和确认；对基金资产进行评估和变现；处理与清算有关的未了结事务；清缴所欠税款；清理债权债务；制定并披露清算报告；对基金资产进行分配。

42. 【答案】 C

【解析】根据《基金业务外包服务指引（试行）》相关问题解答（一），基金业务外包服务机构开展估值核算业务，是指其从事基金估值、会计核算及相关信息披露等活动，其基本职责包括：开展基金会计核算、估值、报表编制、信息披露，相关数据报送与报告，相关业务资料的保存管理，配合会计师事务所审计以及法律法规或外包协议规定的其他职责。

43. 【答案】 B

【解析】B项，有限责任公司增加或减少注册资本，由股东会决议，必须经代表2/3以上表决权的股东通过。

44. 【答案】 C

【解析】A项，公司从税后利润中提取法定公积金后，经股东会或者股东大会决议，还可以从税后利润中提取任意公积金。B项，公司弥补亏损和提取公积金后所余税后利润，有限责任公司股东按照实缴的出资比例分取红利，全体股东约定不按照出资比例分取红利的除外；股份有限公司按照股东持有的股份比例分配，但股份有限公司章程规定不按持股比例分配的除外。D项，在申报债权期间，清算组不得对债权人进行清偿。

45. 【答案】 D

【解析】目前企业所得税税率一般为25%。

46. 【答案】 A

【解析】通常，同时具备下列四个条件，除刑法另有规定的以外，即构成"非法吸收公众存款或者变相吸收公众存款"：①未经有关部门依法批准或者借用合法经营的形式吸收资金；②通过媒体、推介会、传单、手机短信等途径向社会公开宣传；③承诺在一定期限内以货币、实物、股权等方式还本付息或者给付回报；④向社会公众即社会不特定对象吸收资金。

47. 【答案】 C

【解析】因未备案首只私募基金产品而被注销登记的私募基金管理人若因实际业务需要，可按要求重新申请私募基金管理人登记。对符合要求的申请机构，中国证券投资基金业协会将以在官方网站公示私募基金管理人基本情况的方式，为该申请机构再次办结登记手续。

48. 【答案】 D

【解析】新申请股权投资基金管理人登记的机构，需通过私募基金登记备案系统提交中国律师事务所出具的法律意见书。法律意见书的内容之一为：申请机构是否已经根据其拟申请的私募基金管理业务类型建立了与之相适应的制度，包括（视具体业务类型而定）运营风险控制制度、信息披露制度、机构内部交易记录制度、防范内幕交易、利益冲突的投资交易制度、合格投资者风险揭示制度、合格投资者内部审核流程及相关制度、私募基金宣传推介、募集相关规范制度以及（适用于私募证券投资基金业务的）公平交易制度、从业人员买卖证券申报制度等配套管理制度。

49. 【答案】 D

【解析】基金募集过程中，募集机构承担特定对象确定、投资者适当性审查、基金推介及合格投资者确认等相关责任。D项，基金管理人应当履行受托人义务，承担基金合同、公司章程或者合伙协议约定的受托责任。

50. 【答案】 D

【解析】D项，《中华人民共和国证券投资基金法》规定，开放式基金的登记业务可以由基金管理人办理，也可以委托中国证监会认定的其他机构办理。

51. 【答案】 B

【解析】《中华人民共和国证券投资基金法》第四条规定，从事证券投资基金活动，应当遵循自愿、公平、诚实信用的原则，不得损害国家利益和社会公共利益。

52. 【答案】 A

【解析】根据《中华人民共和国证券投资基金法》第十三条规定，设立管理公开募集基金的基金管理公司，应具备的条件之一是主要股东应当具有经营金融业务或者管理金融机构的良好业绩、良好的财务状况和社会信誉，资产规模达到国务院规定的标准，最近3年没有违法记录，并经国务院证券监督管理机构批准。

53. 【答案】 D

【解析】分享基金财产收益是基金份额持有人享有的权利之一。

54. 【答案】 B

【解析】《中华人民共和国证券投资基金法》第六十二条规定，基金份额上市交易，应当符合下列条件：（一）基金的募集符合本法规定；（二）基金合同期限为5年以上；（三）基金募集金额不低于2亿元人民币；（四）基金份额持有人不少于1000人；（五）基金份额上市交易规则规定的其他条件。

55. 【答案】 C

【解析】《中华人民共和国证券投资基金法》第七十二条规定，基金财产应当用于以下投资：（一）上市交易的股票、债券；（二）国务院证券监督管理机构规定的其他证券及其衍生品种。

56. 【答案】 D

【解析】《中华人民共和国证券投资基金法》第八十五条规定，基金份额持有人大会可以采取现场方式召开，也可以采取通讯等方式召开。

57. 【答案】 D

【解析】《中华人民共和国证券投资基金法》第一百二十五条规定，未经核准，擅自从事基金托管业务的，责令停止，没收违法所得，并处违法所得1倍以上5倍以下罚款；没有违法所得或者违法所得不足100万元的，并处10万元以上100万元以下罚款；对直接负责的主管人员和其他直接责任人员给予警告，并处3万元以上30万元以下罚款。

58. 【答案】 B

【解析】《中华人民共和国公司法》第三条规定，公司是企业法人，有独立的法人财产，享有法人财产权。公司以其全部财产对公司的债务承担责任。有限责任公司的股东以其认缴的出资额为限对公司承担责任；股份有限公司的股东以其认购的股份为限对公司承担责任。

59. 【答案】 D

【解析】A项，公司法定代表人依照公司章程的规定，由董事长、执行董事或者经理担任；B项，股东人数较少或者规模较小的有限责任公司，可以设1~2名监事，不设立监事会，监事任期为法定制3年；C项，新《中华人民共和国公司法》已经取消了"有限责任公司全体股东的首次出资额不得低于注册资本的20%，也不得低于法定的注册资本最低限额，其余部分由股东自公司成立之日起2年内缴足"的规定，有限责任公司的注册资本改为认缴制；D项，有限责任公司的股东向股东以外的人转让股权，应当经其他股东过半数同意，公司章程对股权转让另有规定的，从其规定。

60. 【答案】 B

【解析】只有"国有独资公司"、"由两个以上的国有企业或者两个以上的其他国有投资主体投资设立的有限责任公司"的董事会，才必须包括职工代表，股份有限公司董事会成员中"可以"包括公司职工代表所有的监事会（不管是有限责任公司、国有独资公司还是股份有限公司）包括职工代表。

61. 【答案】 B

【解析】A项，股东人数较少或者规模较小的有限责任公司，可以设1~2名监事，不设立监事会；C项，国有独资公司的董事长、副董事长由国有资产监督管理机构从董事会成员中"指定"；D项，股份有限公司的董事会成员中可以有公司职工代表。

62. 【答案】 A

【解析】根据《中华人民共和国公司法》第五十二条规定，监事的任期每届为3年。监事任期届满，连选可以连任。

63. 【答案】 D

【解析】《中华人民共和国公司法》第一百二十四条规定，上市公司董事与董事会会议决议事项所涉及的企业有关联关系的，不得对该项决议行使表决权，也不得代理其他董事行使表决权。该董事会会议由过半数的无关联关系董事出席即可举行，董事会会议所作决议须经无关联关系董事过半数通过。出席董事会的无关联关系董事人数不足3人的，应将该事项提交上市公司股东大会审议。

64. 【答案】 D

【解析】《中华人民共和国公司法》第一百七十五条规定，公司分立，其财产作相应的分割。公司分立，应当编制资产负债表及财产清单。公司应当自作出分立决议之日起10日内通知债权人，并于30日内在报纸上公告。

65. 【答案】 B

【解析】办理登记时虚报注册资本的、责令改正，以虚报注册资本金额5%以上15%以下的罚款。

66. 【答案】 A

【解析】《中华人民共和国合伙企业法》第四十六条规定，合伙协议未约定合伙期限的，合伙人在不给合伙企业事务执行造成不利影响的情况下，可以退伙，但应当提前30日通知其他合伙人。

67. 【答案】 C

【解析】根据《私募投资基金监督管理暂行办法》第七条规定，中国证券投资基金业协会应当在私募基金备案材料齐备后的20个工作日内，通过网站公告私募基金名单及其基本情况的方式，为私募基金办结备案手续。

68. 【答案】 C

【解析】《私募投资基金监督管理暂行办法》第七条规定，各类私募基金管理人应当根据中国证券投资基金业协会的规定，向中国证券投资基金业协会申请登记，报送以下基本信息：（一）工商登记和营业执照正副本复印件；（二）公司章程或者合伙协议；（三）主要股东或者合伙人名单；（四）高级管理人员的基本信息；（五）中国证券投资基金业协会规定的其他信息。

69. 【答案】 B

【解析】《私募投资基金监督管理暂行办法》第八条规定，各类私募基金募集完毕，私募基金管理人应当根据中国证券投资基金业协会的规定，办理基金备案手续，报送以下基本信息：（一）主要投资方向及根据主要投资方向注明的基金类别；（二）基金合同、公司章程或者合伙协议，资金募集过程中向投资者提供基金招募说明书的，应当报送基金招募说明书，以公司、合伙等企业形式设立的私募基金，还应当报送工商登记和营业执照正副本复印件；（三）采取委托管理方式的，应当报送委托管理协议，委托托管机构托管基金财产的，还应当报送托管协议；（四）中国证券投资基金业协会规定的其他信息。

70. 【答案】 A

【解析】《私募投资基金监督管理暂行办法》第二十五条规定，私募基金管理人应当于每个会计年度结束后的4个月内，向中国证券投资基金业协会报送经会计师事务所审计的年度财务报告和所管理私募基金年度投资运作基本情况。

71. 【答案】 A

【解析】根据《私募投资基金监督管理暂行办法》的规定，私募基金管理人、私募基金托管人、私募基金销售机构及其他私募服务机构及其从业人员违反法律、行政法规及本办法规定，中国证监会及其派出机构可以对其采取责令改正、监管谈话、出具警示函、公开谴责等行政监管措施。

72. 【答案】　D

【解析】根据《私募投资基金管理人登记和基金备案办法（试行）》第十条，经登记后的私募基金管理人依法解散、被依法撤销或者被依法宣告破产的，基金业协会应当及时注销基金管理人登记。

73. 【答案】　A

【解析】《私募投资基金管理人登记和基金备案办法（试行）》第六条规定，私募基金管理人申请登记，应当通过私募基金登记备案系统，如实填报基金管理人基本信息、高级管理人员及其他从业人员基本信息、股东或合伙人基本信息、管理基金基本信息。

74. 【答案】　B

【解析】根据《私募投资基金管理人登记和基金备案办法（试行）》第十三条，基金业协会应当以通过网站公示私募基金基本情况的方式，为私募基金办结备案手续。网站公示的私募基金基本情况包括私募基金的名称、成立时间、备案时间、主要投资领域、基金管理人及基金托管人等基本信息。

75. 【答案】　D

【解析】根据《私募投资基金管理人登记和基金备案办法（试行）》第十一条规定，私募基金管理人应当在私募基金募集完毕后20个工作日内，通过私募基金登记备案系统进行备案，并根据私募基金的主要投资方向注明基金类别，如实填报基金名称、资本规模、投资者，基金合同（基金公司章程或者合伙协议）等基本信息。

76. 【答案】　D

【解析】《私募投资基金管理人登记和基金备案办法（试行）》第十七条规定，私募基金管理人的高级管理人员应当诚实守信，最近3年没有重大失信记录，未被中国证券监督管理委员会采取市场禁入措施。前款所称高级管理人员指私募基金管理人的董事长、总经理、副总经理、执行事务合伙人（委派代表）、合规风控负责人以及实际履行上述职务的其他人员。

77. 【答案】　B

【解析】《私募投资基金管理人登记和基金备案办法（试行）》第三十一条规定，私募基金管理人未按规定及时填报业务数据或者进行信息更新的，中国证券投资基金业协会责令改正；1年累计2次以上未按时填报业务数据、进行信息更新的，中国证券投资基金业协会可以对主要责任人员采取警告措施，情节严重的向中国证券监督管理委员会报告。

78. 【答案】　D

【解析】根据《私募投资基金管理人内部控制指引》第三条规定，私募基金管理人最高权力机构对建立内部控制制度和维持其有效性承担最终责任，经营层对内部控制制度的有效执行承担责任。

79. 【答案】　C

【解析】根据《私募投资基金管理人内部控制指引》第五条，私募基金管理人内部控制应当遵循以下原则：①全面性原则；②相互制约原则；③执行有效原则；④独立性原则；⑤成本效益原则；⑥适时性原则。

80. 【答案】　D

【解析】根据《私募投资基金管理人内部控制指引》第十四条，私募基金管理人应当建立科学严谨的业务操作流程，利用部门分设、岗位分设、外包、托管等方式实现业务流程的控制。

81．【答案】 C

【解析】《私募投资基金信息披露管理办法》第十条规定，私募基金进行托管的，私募基金托管人应当按照相关法律法规、中国证券监督管理委员会以及中国证券投资基金业协会的规定和基金合同的约定，对私募基金管理人编制的基金资产净值、基金份额净值、基金份额申购赎回价格、基金定期报告和定期更新的招募说明书等向投资者披露的基金相关信息进行复核确认。

82．【答案】 C

【解析】根据《私募投资基金信息披露管理办法》第十四条，私募基金募集期间，应当在宣传推介材料（如招募说明书）中向投资者披露的基金的基本信息包括：基金名称、基金架构（是否为母子基金、是否有平行基金）、基金类型、基金注册地（如有）、基金募集规模、最低认缴出资额、基金运作方式（封闭式、开放式或者其他方式）、基金的存续期限、基金联系人和联系信息、基金托管人（如有）。A项属于基金的投资信息。

83．【答案】 D

【解析】根据《私募投资基金信息披露管理办法》第十六条，私募基金运行期间，信息披露义务人应当在每季度结束之日起10个工作日以内向投资者披露基金净值、主要财务指标以及投资组合情况等信息。

84．【答案】 B

【解析】根据《私募投资基金信息披露管理办法》第二十五条规定，信息披露义务人违反本办法第五条、第九条、第十六条至第十八条的，投资者可以向中国证券投资基金业协会投诉或举报，中国证券投资基金业协会可以要求其限期改正。逾期未改正的，中国证券投资基金业协会可以视情节轻重对信息披露义务人及主要负责人采取谈话提醒、书面警示、要求参加强制培训、行业内谴责、加入黑名单等纪律处分。

85．【答案】 D

【解析】根据《私募投资基金合同指引1号（契约型私募基金合同内容与格式指引）》第二十五条，私募基金托管人监督私募基金管理人的投资运作，发现私募基金管理人的投资指令违反法律法规的规定及基金合同约定的，应当拒绝执行，立即通知私募基金管理人；发现私募基金管理人依据交易程序已经生效的投资指令违反法律法规的规定及基金合同约定的，应当立即通知私募基金管理人。

86．【答案】 A

【解析】根据《私募投资基金合同指引1号（契约型私募基金合同内容与格式指引）》第四十二条，私募基金托管人应定期与私募基金管理人就私募基金的会计核算、报表编制等进行核对。

87．【答案】 B

【解析】根据《私募投资基金合同指引1号（契约型私募基金合同内容与格式指引）》第三十五条规定，说明私募基金财产投资的有关事项，包括但不限于：（一）投资目标；

(二）投资范围；（三）投资策略；（四）投资限制；（五）对于基金合同、交易行为中存在的或可能存在利益冲突的情形及处理方式进行说明；（六）业绩比较基准（如有）；（七）参与融资融券及其他场外证券业务的情况（如有）。

88.【答案】 C

【解析】《私募投资基金合同指引1号（契约型私募基金合同内容与格式指引）》第五十条规定，私募基金管理人应当单独编制《风险揭示书》，私募基金投资者应充分了解并谨慎评估自身风险承受能力，并做出自愿承担风险的陈述和声明。

89.【答案】 D

【解析】根据《私募投资基金合同指引1号（契约型私募基金合同内容与格式指引）》第二十一条规定，根据《私募投资基金监督管理暂行办法》及其他有关规定订明私募基金管理人的义务，其中包括：建立健全内部制度，保证所管理的私募基金财产与其管理的其他基金财产和私募基金管理人的固有财产相互独立，对所管理的不同财产分别管理，分别记账、分别投资；不得利用基金财产或者职务之便，为本人或者投资者以外的人牟取利益，进行利益输送；保守商业秘密，不得泄露私募基金的投资计划或意向等，法律法规另有规定的除外；公平对待所管理的不同基金财产，不得从事任何有损基金财产及其他当事人利益的活动。

90.【答案】 B

【解析】《私募投资基金合同指引1号（契约型私募基金合同内容与格式指引）》第十四条规定，私募基金成立的有关事项，包括但不限于：（一）订明私募基金合同签署的方式；（二）私募基金成立的条件；（三）私募基金募集失败的处理方式。

91.【答案】 D

【解析】《私募投资基金合同指引2号（公司章程必备条款指引）》第四条规定，私募基金管理人及私募基金投资者应在公司章程首页用加粗字体进行如下声明与承诺，包括但不限于：私募基金投资者声明其为符合《私募投资基金监督管理暂行办法》规定的合格投资者，保证财产的来源及用途符合国家有关规定，并已充分理解本合同条款，了解相关权利义务，了解有关法律法规及所投资基金的风险收益特征，愿意承担相应的投资风险；私募基金投资者承诺其向私募基金管理人提供的有关投资目的、投资偏好、投资限制、财产收入情况和风险承受能力等基本情况真实、完整、准确、合法，不存在任何重大遗漏或误导。

92.【答案】 B

【解析】根据《私募投资基金合同指引2号（公司章程必备条款指引）》第五条规定，公司型基金的章程应当具备【管理方式】条款：公司型基金可以采取自我管理，也可以委托其他私募基金管理机构管理。采取自我管理方式的，章程中应当明确管理架构和投资决策程序；采取委托管理方式的，章程中应当明确管理人的名称，并列名管理人的权限及管理费的计算和支付方式。

93.【答案】 A

【解析】《私募投资基金合同指引2号（公司章程必备条款指引）》第二条规定，私募基金管理人通过有限责任公司或股份有限公司形式募集设立私募投资基金的，应当按照本指引制定公司章程。章程中应当载明本指引规定的必备条款，本指引必备条款未尽事宜，可以参考私募投资基金合同指引 1 号的相关内容。投资者签署的公司章程应当满足相关法律、法规对公司章程的法定基本要求。

94. 【答案】 D

【解析】根据《私募投资基金募集行为管理办法》第二十三条，募集机构应当采取合理方式向投资者披露私募基金信息，揭示投资风险，确保推介材料中的相关内容清晰、醒目。私募基金推介材料内容应与基金合同主要内容一致，不得有任何虚假记载、误导性陈述或者重大遗漏。如有不一致的，应当向投资者特别说明。

95. 【答案】 C

【解析】募集机构及其从业人员不得推介非本机构设立或负责募集的私募基金。

96. 【答案】 B

【解析】募集机构应当在投资冷静期满后，指令本机构从事基金销售推介业务以外的人员以录音电话、电邮、信函等适当方式进行投资回访。

97. 【答案】 B

【解析】根据《私募投资基金募集行为管理办法》第三十一条规定，基金合同应当约定，投资者在募集机构回访确认成功前有权解除基金合同。出现前述情形时，募集机构应当按合同约定及时退还投资者的全部认购款项。

98. 【答案】 C

【解析】根据《私募投资基金募集行为管理办法》第二十九条规定，基金合同应当约定给投资者设置不少于 24 小时的投资冷静期，募集机构在投资冷静期内不得主动联系投资者。

99. 【答案】 D

【解析】《私募投资基金募集行为管理办法》第三十五条规定，募集机构在开展私募基金募集业务过程中违反本办法第六条至第十四条、第十七条至第二十条、第二十二条至第二十三条、第二十六条的规定，中国证券投资基金业协会可以视情节轻重对募集机构采取要求限期改正、行业内谴责、加入黑名单、公开谴责、暂停受理或办理相关业务、撤销管理人登记等纪律处分；对相关工作人员采取要求参加强制培训、行业内谴责、加入黑名单、公开谴责、认定为不适当人选、暂停基金从业资格、取消基金从业资格等纪律处分。

100. 【答案】 D

【解析】除 ABC 三项外，中国证券投资基金业协会颁布自律性规范文件的意义还包括：①保护投资者合法权益；②促进私募基金行业规范健康发展；③不断完善私募基金行业自律管理的规则体系；④为国民经济发展做出积极贡献。

全国基金从业人员执业资格认证考试热题库

《私募股权投资基金基础知识》模拟试卷（三）

单项选择题（共100题，每小题1分，共100分。以下备选项中只有一项符合题目要求，不选、错选均不得分）

1. 私人股权包括的种类有（　　）。
   Ⅰ. 未上市企业非公开发行的普通股
   Ⅱ. 已上市企业非公开交易的普通股
   Ⅲ. 未上市企业非公开发行的依法可转换为普通股的优先股
   Ⅳ. 未上市企业非公开发行的依法可转换为普通股的可转换债券
   A. Ⅰ、Ⅱ、Ⅲ　　　B. Ⅲ、Ⅳ　　　C. Ⅱ、Ⅲ　　　D. Ⅰ、Ⅱ、Ⅲ、Ⅳ

2. 在20世纪80年代美国第四次并购浪潮中催生了（　　）等著名并购基金管理机构的成立，极大地促进了并购投资基金的发展。
   Ⅰ. ARD　　　Ⅱ. 黑石　　　Ⅲ. 凯雷　　　Ⅳ. 德太投资
   A. Ⅰ、Ⅱ、Ⅲ　　　B. Ⅰ、Ⅱ、Ⅳ　　　C. Ⅱ、Ⅲ、Ⅳ　　　D. Ⅰ、Ⅲ、Ⅳ

3. 欧洲议会建立了针对股权投资基金行业的新的监管体系，新体系的主要内容包括（　　）。
   Ⅰ. 对股权投资基金实行统一监管
   Ⅱ. 监管的重点是基金管理人而不是基金本身
   Ⅲ. 抓大放小，重点监管大型基金的管理人
   Ⅳ. 强化对杠杆的规制
   Ⅴ. 建立和强化信息披露机制
   A. Ⅰ、Ⅱ、Ⅲ、Ⅴ　　　　　　　B. Ⅰ、Ⅲ、Ⅳ、Ⅴ
   C. Ⅰ、Ⅱ、Ⅳ、Ⅴ　　　　　　　D. Ⅰ、Ⅱ、Ⅲ、Ⅳ、Ⅴ

4. 我国第一个风险投资机构是（　　）。
   A. 中创公司　　　B. IDG　　　C. 凯雷投资集团　　　D. 软银集团

5. 私募股权投资基金生命周期中的关键要素包括（　　）。
   Ⅰ. 项目投资周期　　　Ⅱ. 滚动投资
   Ⅲ. 投资期与管理退出期　　　Ⅳ. 基金期限
   A. Ⅰ、Ⅱ、Ⅲ　　　B. Ⅲ、Ⅳ　　　C. Ⅱ、Ⅲ　　　D. Ⅰ、Ⅱ、Ⅲ、Ⅳ

6. 股权投资基金的投资者包括（　　）。
   Ⅰ. 金融机构　　　Ⅱ. 工商企业　　　Ⅲ. 企业年金　　　Ⅳ. 政府引导基金
   A. Ⅰ、Ⅱ、Ⅲ　　　B. Ⅱ、Ⅲ、Ⅳ　　　C. Ⅰ、Ⅱ、Ⅳ　　　D. Ⅰ、Ⅱ、Ⅲ、Ⅳ

7. 下列关于人民币股权投资基金和外币股权投资基金的说法中，错误的是（　　）。

A. 内资人民币股权投资基金是指中国国籍自然人或根据中国法律注册成立的公司、企业或其他经济组织依据中国法律在中国境内发起设立的主要以人民币对中国境内非公开交易股权进行投资的股权投资基金

B. 外资人民币股权投资基金是指外国投资者或外国投资者与根据中国法律注册成立的公司、企业或其他经济组织依据中国法律在中国境内发起设立的主要以人民币对中国境内非公开交易股权进行投资的股权基金

C. 外币股权投资基金是指依据中国境外的相关法律在中国境外设立，主要以外币对中国境内非公开交易股权进行投资的基金

D. 我国股权投资基金业在发展早期以内资人民币股权投资基金为主

8. 以下有关股权投资母基金的说法中，错误的是（　　）。

A. 母基金是以股权投资基金为主要投资对象的基金

B. 母基金也称为基金中的基金

C. 股权投资母基金的业务主要包括一级投资、二级投资和间接投资

D. 母基金利用自身的资金及其管理团队优势，通过优选多只股权投资基金，分散和降低投资风险

9. 取得基金销售业务资格的商业银行，可以在同一基金的募集过程中同时作为募集机构与（　　）。

A. 托管机构　　　B. 监督机构　　　C. 销售机构　　　D. 登记结算机构

10. 在股权投资基金募集过程中，募集机构应承担的相关责任包括（　　）。

Ⅰ. 投资者适当性审查　　　　　Ⅱ. 特定对象确定

Ⅲ. 合格投资者确认　　　　　　Ⅳ. 基金推介

A. Ⅰ、Ⅱ、Ⅳ　　B. Ⅰ、Ⅱ、Ⅲ　　C. Ⅲ、Ⅳ　　D. Ⅰ、Ⅱ、Ⅲ、Ⅳ

11. 销售机构参与股权投资基金募集活动，需满足的条件有（　　）。

Ⅰ. 成为中国证券投资基金业协会会员

Ⅱ. 接受基金托管人委托（签署销售协议）

Ⅲ. 接受基金管理人委托（签署销售协议）

Ⅳ. 在中国证券监督管理委员会注册取得基金销售业务资格

A. Ⅰ、Ⅱ、Ⅲ　　B. Ⅰ、Ⅲ、Ⅳ　　C. Ⅱ、Ⅲ、Ⅳ　　D. Ⅰ、Ⅱ、Ⅲ、Ⅳ

12. 对于股权投资基金的单位投资者，要求其净资产不低于（　　）万元。

A. 1000　　　　B. 2000　　　　C. 3000　　　　D. 4000

13. 以下视为合格投资者的是（　　）。

Ⅰ. 慈善基金

Ⅱ. 社会保障基金

Ⅲ. 依法设立并在中国证券投资基金业协会备案的投资计划

Ⅳ. 企业年金

A. Ⅰ、Ⅱ、Ⅲ　　B. Ⅲ、Ⅳ　　C. Ⅱ、Ⅲ　　D. Ⅰ、Ⅱ、Ⅲ、Ⅳ

14. 有关股权投资基金募集流程及要求，以下说法错误的是（　　）。

A. 募集机构在投资冷静期内进行的回访确认无效

B. 投资者在募集机构回访确认成功前有权解除基金合同
C. 在投资冷静期内，募集机构应主动联系投资者
D. 在完成基金风险揭示后，募集机构应当要求投资者提供必要的资产证明文件或收入证明

15. 股权投资基金募集流程中，在向投资者推介基金之前，募集机构应当采取问卷调查等方式履行特定对象确定程序，对投资者风险识别能力和风险承担能力进行评估，此步骤是（　　）。
    A. 特定对象的确定　　　　　　　　B. 投资者适当性匹配
    C. 基金风险揭示　　　　　　　　　D. 合格投资者确认

16. 股权投资基金的核心业务是_____，与之密切相关的是各参与主体间的权利义务关系安排，特别是_____的设置机制。（　　）
    A. 投资规划与投资实施；投资决策权　B. 投资实施与管理退出；投资决策权
    C. 投资实施与管理退出；资金控制权　D. 投资规划与投资实施；资金控制权

17. 契约型基金合同当事人订立合同遵循的原则不包括（　　）。
    A. 平等自愿　　B. 获取最大收益　　C. 公平　　D. 诚实信用

18. 以下不属于公司型基金领取营业执照后应做的是（　　）。
    A. 刻制企业印章　　　　　　　　　B. 申请纳税登记
    C. 开立银行基本账户　　　　　　　D. 名称预先核准

19. 在股权投资业务中，（　　）属于股息红利所得，不需要缴纳增值税。
    A. 股权转让收益　　　　　　　　　B. 经营性收入
    C. 项目退出收入　　　　　　　　　D. 项目股息和分红收入

20. 公司型基金合同中组织形式相关的内容不包括（　　）。
    A. 基本情况　　B. 股东出资　　C. 投资事项　　D. 股东的权利义务

21. 在公司型基金合同中，不属于股权投资业务相关内容的是（　　）。
    A. 股东的权利和义务　　　　　　　B. 管理方式
    C. 税务承担　　　　　　　　　　　D. 利润分配及亏损分担

22. 股权投资基金对企业进行书面初审的主要方式是审阅企业的（　　）。
    A. 商业计划书或项目计划书
    B. 项目计划书或融资计划书
    C. 项目计划书、商业计划书和融资计划书
    D. 商业计划书或融资计划书

23. 以下不是股权投资基金法律尽职调查的作用的是（　　）。
    A. 评估企业资产的合规性　　　　　B. 评估企业债务的合规性
    C. 评估企业业务的合规性　　　　　D. 评估企业潜在的法律风险

24. 以下有关股权投资基金风险控制的说法，正确的是（　　）。
    A. 风险控制一般包括风险识别、风险应对两个步骤
    B. 风险控制报告由风险控制部负责人出具，并经风险控制经理签署后独立出具
    C. 股权投资基金募集环节通常设立独立的风险控制体系

D. 需结合项目上市或并购退出可行性、风险可控性、成长性设计风险控制方案

25. 股权投资基金投资前需要明确评估目标资产的（　　）。
   A. 账面价值　　　B. 历史价值　　　C. 计税价值　　　D. 公允价值

26. 股权投资行业主要用到的估值方法是（　　）。
   A. 折现现金流法和清算价值法　　　B. 折现现金流法和成本法
   C. 相对估值法和折现现金流法　　　D. 清算价值法和相对估值法

27. 早期创业投资基金较常用的方法是（　　）。
   A. 成本法　　　B. 折现现金流法　　　C. 相对估值法　　　D. 清算价值法

28. 以下有关市现率，说法错误的是（　　）。
   A. 市现率是企业股权价值与税息折旧摊销前收益（EBITDA）的比值
   B. EBITDA 为税后净利润、所得税、利息费用、折旧和摊销之和
   C. 税收减免或者补贴不会导致两家企业的 EBITDA 相等但税后净利润却相差较大
   D. 市现率要求企业的业绩相对稳定，否则可能出现较大误差

29. 对于股权投资机构而言，在企业正常可持续经营的情况下，不会采用（　　）。
   A. 重置成本法　　　B. 账面价值法　　　C. 折现现金流法　　　D. 清算价值法

30. 以下有关市净率的说法中，错误的是（　　）。
   A. 也称为市账率
   B. 是企业股权价值与股东权益账面价值的比值
   C. 等于每股价格除以每股账面价值
   D. 不同行业市净率一般差别不大

31. 股权投资协议中，回购条款事先设定的触发条件通常包括（　　）。
   Ⅰ. 目标企业出现了导致实际控制权发生转移的重大事项
   Ⅱ. 目标企业在一段时间内未能成功实现 IPO
   Ⅲ. 目标企业未达到事先设定的业绩目标
   Ⅳ. 目标企业破产
   A. Ⅱ、Ⅲ、Ⅳ　　　B. Ⅰ、Ⅱ、Ⅲ　　　C. Ⅰ、Ⅲ、Ⅳ　　　D. Ⅱ、Ⅳ

32. （　　）是指注册于境外的股权投资基金，采取新设、增资或收购等方式，投资于境内企业。
   A. 跨境股权投资
   B. 境外股权投资基金面向境内企业的投资
   C. 境内股权投资基金面向境外企业的投资
   D. 跨境直接投资

33. 股权投资基金投资后项目监控的市场信息追踪指标主要有（　　）。
   Ⅰ. 产品销售与市场开拓情况　　　Ⅱ. 产品市场前景
   Ⅲ. 经第三方了解的企业经营状况　　　Ⅳ. 政府政策变动情况
   A. Ⅰ、Ⅳ　　　B. Ⅱ、Ⅲ　　　C. Ⅰ、Ⅲ、Ⅳ　　　D. Ⅰ、Ⅱ、Ⅲ、Ⅳ

34. 以下不是股权投资基金投资后项目监控的主要方式的是（　　）。
   A. 跟踪协议条款的执行情况

B. 监控被投资企业财务状况
C. 委派专门人员常驻被投资企业进行监控
D. 参与被投资企业重大经营决策

35. 下列选项中，不属于管理指标的是（   ）。
    A. 公司战略与业务定位　　　　B. 股东关系与公司治理
    C. 经营风险控制情况　　　　　D. 资金使用情况

36. （   ）是指股权投资基金选择合适的时机，将其在被投资企业的股权变现，由股权形态转化为资本形态，以实现资本增值，或及时避免和降低财产损失。
    A. 项目收集　　B. 项目初审　　C. 项目退出　　D. 项目立项

37. 股权投资基金投资项目在境内申报上市的流程为（   ）。
    A. 上市前辅导→上市申报和核准→成立股份公司→促销和发行→股票上市及后续
    B. 上市前辅导→成立股份公司→上市申报和核准→促销和发行→股票上市及后续
    C. 成立股份公司→上市前辅导→上市申报和核准→促销和发行→股票上市及后续
    D. 上市申报和核准→成立股份公司→上市前辅导→促销和发行→股票上市及后续

38. 股权投资基金投资项目在境内申报上市的流程中，推出研究报告，进行公司定位和估值属于（   ）的主要内容。
    A. 成立股份公司　　　　　　　B. 上市前辅导
    C. 股票上市及后续　　　　　　D. 促销和发行

39. IPO 主要包括国内 A 股 IPO 和海外 IPO。其中，国内 A 股 IPO 市场不包括（   ）。
    A. 主板　　　B. 新三板　　　C. 创业板　　　D. 中小企业板

40. 股权转让方与受让方对股权转让事宜进行初步谈判时，以下不是需约定的事项的是（   ）。
    A. 受让方对目标公司开展尽职调查的相关安排
    B. 受让方在一定期间内的独家谈判权
    C. 转让方在一定期间内的独家谈判权
    D. 股权转让方与受让方的保密义务

41. 关于股权投资基金运作过程中产生的管理费和托管费，以下选项正确的是（   ）。
    A. 提取频率一般按照月度或季度提取
    B. 基金托管费是基金托管人因投资管理基金资产而向基金收取的费用
    C. 在基金存续期限的后半段，提取的管理费、托管费会随着项目的退出逐年递减
    D. 必须按照基金实缴规模作为计算基数收取

42. 对于存在活跃市场的投资品种，基金估值的原则不包括（   ）。
    A. 估值日有市价的，应采用市价确定公允价值
    B. 估值日无市价，但最近交易日后经济环境未发生重大变化的，应采用近期交易市价的平均价确定公允价值
    C. 估值日无市价，且最近交易日后经济环境发生了重大变化的，应参考类似投资品种的现行市价及重大变化因素，调整最近交易市价，确定公允价值
    D. 有充足证据表明最近交易市价不能真实反映公允价值的，应对最近交易的市价

进行调整，确定公允价值

43. 已获得证监会公募基金销售业务资格的基金业务外包服务机构，如开展私募基金的销售业务，需在线填报的信息不包括（　　）。
    A. 机构基础材料　　　　　　　　B. 合作的销售机构/销售支付机构
    C. 外包业务的种类　　　　　　　D. 私募基金销售结算资金归集账户信息

44. 组织结构应当权责分明、相互制约体现的是股权投资基金管理人内部控制的（　　）原则。
    A. 相互制约　　B. 成本效益　　C. 适时性　　D. 全面性

45. 依照《中华人民共和国证券投资基金法》《私募投资基金监督管理暂行办法》和其他有关规定，对股权投资基金业务活动实施监督管理的机构是（　　）。
    A. 中国证监会及其派出机构　　　　B. 中国银监会
    C. 中国证券业协会　　　　　　　　D. 中国基金业协会

46. 以下需要穿透核查最终投资者是否为合格投资者并合并计算投资者人数的情况是（　　）。
    A. 社会保障基金作为投资人投资于私募基金
    B. 依法设立并在中国证券投资基金业协会备案作为投资计划的投资人投资于私募基金
    C. 以合伙企业形式汇集多数投资者的资金直接投资于私募基金
    D. 慈善基金作为投资人投资于私募基金

47. 以下关于有限责任公司的股东进行股权转让的说法，错误的是（　　）。
    A. 股东向股东以外的人转让股权，应当经过其他股东过半数同意
    B. 其他股东半数以上不同意转让的，不同意的股东应当购买该转让的股权
    C. 两个以上股东主张行使优先购买权的，只能按照转让时各自出资比例行使优先购买权
    D. 经股东同意转让的股权，在同等条件下，其他股东有优先购买权

48. 有限责任公司股东应就股权转让事项书面通知其他股东征求同意，其他股东自接到书面通知之日起满（　　）日未答复的，视为同意转让。
    A. 10　　B. 20　　C. 30　　D. 40

49. 公司财产在支付（　　）后，剩余财产可以按相关规定分配给股东。
    Ⅰ. 清算费用　　Ⅱ. 所欠税款　　Ⅲ. 职工的工资　　Ⅳ. 社会保险费用
    A. Ⅰ、Ⅱ　　B. Ⅰ、Ⅲ　　C. Ⅲ、Ⅳ　　D. Ⅰ、Ⅱ、Ⅲ、Ⅳ

50. 以下有关公司利润分配的做法，错误的是（　　）。
    A. 提取税后利润的10%列入公司法定公积金
    B. 提取公积金应优先于弥补亏损
    C. 公司法定公积金累计额为公司注册资本的50%以上的，可以不再提取
    D. 企业的税后利润可用于弥补亏损、提取公积金和股东分配利润

51. （　　）是公司型基金的主要收入来源。
    A. 租金收入　　　　　　　　B. 销售货物收入

C. 提供劳务收入　　　　　　　　D. 股息、红利等权益性投资收益

52. 个人非法吸收或者变相吸收公众存款，数额在（　　）万元以上的，应当依法追究刑事责任。
    A. 10　　　　　B. 20　　　　　C. 30　　　　　D. 40

53. 《私募基金管理人登记法律意见书》应至少对申请机构最近（　　）年涉诉或仲裁的情况发表意见。
    A. 一　　　　　B. 三　　　　　C. 四　　　　　D. 二

54. 基金业务外包服务机构开展基金销售业务的具体内容包括（　　）。
    Ⅰ. 宣传推介基金　　　　　　Ⅱ. 投资咨询服务
    Ⅲ. 发售基金份额　　　　　　Ⅳ. 办理基金份额认购
    A. Ⅰ、Ⅱ、Ⅲ　　B. Ⅰ、Ⅱ、Ⅳ　　C. Ⅱ、Ⅲ、Ⅳ　　D. Ⅰ、Ⅲ、Ⅳ

55. 私募基金的募集主体包括（　　）。
    Ⅰ. 基金销售机构　　　　　　Ⅱ. 私募基金管理人
    Ⅲ. 基金托管机构　　　　　　Ⅳ. 基金监管机构
    A. Ⅰ、Ⅳ　　B. Ⅰ、Ⅱ　　C. Ⅱ、Ⅲ　　D. Ⅰ、Ⅲ

56. 从事私募股权投资（含创业投资）（　　）年及以上，且参与并成功退出至少两个项目的高级管理人员，可向中国证券投资基金业协会资格认定委员会申请认定基金从业资格。
    A. 6　　　　　B. 7　　　　　C. 8　　　　　D. 9

57. 某公募基金管理公司基金经理甲的妻子进行证券投资，甲没有向所在公司事先申报，违反了（　　）的职业道德要求。
    A. 诚实守信　　B. 保守秘密　　C. 守法合规　　D. 客户至上

58. 当基金托管人连续（　　）没有开展基金托管业务的，国务院证券监督管理机构、国务院银行业监督管理机构可以取消其基金托管资格。
    A. 3年　　　　B. 4年　　　　C. 5年　　　　D. 6年

59. 基金财产不得用于的活动有（　　）。
    Ⅰ. 承销证券
    Ⅱ. 违反规定向他人贷款或者提供担保
    Ⅲ. 向基金管理人、基金托管人出资
    Ⅳ. 从事内幕交易、操纵证券交易价格及其他不正当的证券交易活动
    A. Ⅰ、Ⅱ、Ⅲ　　B. Ⅰ、Ⅱ、Ⅳ　　C. Ⅰ、Ⅲ、Ⅳ　　D. Ⅰ、Ⅱ、Ⅲ、Ⅳ

60. 以下不属于基金份额持有人权利的是（　　）。
    A. 分享基金投资收益
    B. 查阅基金财产管理业务活动的公开披露资料
    C. 按规定要求召开基金份额持有人大会
    D. 确定基金收益分配方案

61. 非公开募集基金应当向合格投资者募集，合格投资者累计不得超过（　　）人。
    A. 50　　　　　B. 150　　　　C. 200　　　　D. 250

62. 有限责任公司章程应当载明的事项不包括（　　）。
    A. 公司名称和住所　　　　　　　B. 董事长的任职资格
    C. 股东姓名或名称　　　　　　　D. 公司法定代表人

63. 股份有限公司的董事不得有的行为是（　　）。
    Ⅰ. 召开临时股东大会
    Ⅱ. 挪用公司资金
    Ⅲ. 接受他人与公司交易的佣金归为己有
    Ⅳ. 擅自披露公司秘密
    A. Ⅰ、Ⅱ、Ⅲ、Ⅳ　　　　　　　B. Ⅲ、Ⅳ
    C. Ⅱ、Ⅲ、Ⅳ　　　　　　　　　D. Ⅰ、Ⅱ、Ⅲ

64. 公司的经理、副经理、财务负责人，上市公司董事会秘书和公司章程规定的其他人员称为公司的（　　）。
    A. 控股股东　　B. 负责人　　C. 高级管理人员　　D. 实际控制人

65. 有关合伙事务执行中的对外代表权，下列说法错误的是（　　）。
    A. 由全体合伙人共同执行合伙企业事务的，全体合伙人都有权对外代表合伙企业
    B. 由部分合伙人执行合伙企业事务的，不参加执行合伙企业事务的合伙人则不对外代表合伙企业
    C. 取得合伙企业对外代表权的合伙人执行合伙事务所产生的亏损由该合伙人承担
    D. 由于特别授权在单项合伙事务上有执行权的合伙人，依照授权范围可以对外代表合伙企业

66. 新入伙的有限合伙人对入伙前有限合伙企业的债务，应（　　）。
    A. 承担无限连带责任
    B. 不承担责任
    C. 以其认缴的出资额为限承担责任
    D. 以其家庭财产为基础承担无限连带责任

67. 合伙企业清算人向企业登记机关报送清算报告隐瞒重要事实，由企业登记机关责令改正。应当承担由此产生的费用的是（　　）。
    A. 全体合伙人　　B. 清算人　　C. 有限合伙人　　D. 普通合伙人

68. 私募基金财产的投资标的不包括（　　）。
    A. 股票　　　　B. 黄金　　　　C. 期货　　　　D. 基金份额

69. 我国基金市场的监管主体是（　　）。
    A. 中国证监会　　B. 中国保监会　　C. 中国基金业协会　　D. 中国银监会

70. 私募基金管理人向基金业协会申请登记，应报送的信息不包括（　　）
    A. 高级管理人员的基本信息　　　B. 公司章程或者合伙协议
    C. 主要股东或者合伙人名单　　　D. 委托管理协议

71. 私募基金管理人应当于每个会计年度结束后的（　　）个月内，向基金业协会报送经会计师事务所审计的年度财务报告。
    A. 1　　　　B. 3　　　　C. 3　　　　D. 4

72. 私募基金管理人、私募基金托管人、私募基金销售机构及其他私募服务机构及其从业人员违反法律法规和《私募投资基金监督管理暂行办法》规定，情节严重的，中国证券监督管理委员会可以依法对有关责任人员采取（ ）措施。
    A. 市场禁入   B. 责令改正   C. 警告记过   D. 行政处罚

73. 针对创业投资基金，下列说法错误的是（ ）。
    A. 在基金管理人登记、基金备案等环节，基金业协会应对创业投资基金采取差异化行业自律
    B. 在投资方向检查等环节，中国证监会应对创业投资基金与其他私募基金采取统一监督管理
    C. 在投资情况报告要求和会员管理等环节，基金业协会应对创业投资基金提供差异化会员服务
    D. 在账户开立、发行交易和投资退出方面，中国证监会可对创业投资基金提供便利服务督管理

74. 私募基金管理人未按照中国证券投资基金业协会的规定报送资料申请登记的，应承担的法律责任是（ ）。
    A. 责令改正
    B. 处以3万元以上5万元以下的罚款
    C. 责令改正，给予警告并处3万元以下罚款
    D. 责令改正，给予警告

75. 登记申请材料不完备或不符合规定的，私募基金管理人应当根据（ ）的要求及时补正。
    A. 基金份额持有人大会   B. 证监会
    C. 证券业协会   D. 基金业协会

76. 中国证券投资基金业协会网站公示的私募基金备案基本信息不包括（ ）。
    A. 私募基金主要投资领域   B. 私募基金托管人信息
    C. 私募基金预期投资收益   D. 私募基金管理人信息

77. 私募基金管理人发生以下（ ）重大事项的，应当在10个工作日内向中国证券投资基金业协会报告。
    Ⅰ. 私募基金管理人折价处理电脑1台
    Ⅱ. 私募基金管理人分立
    Ⅲ. 私募基金管理人合并
    Ⅳ. 私募基金管理人的高级管理人员发生变更
    A. Ⅰ、Ⅳ   B. Ⅰ、Ⅱ、Ⅳ   C. Ⅱ、Ⅲ、Ⅳ   D. Ⅰ、Ⅱ、Ⅲ、Ⅳ

78. 某有限责任公司的监事会成员共为7人，其中包括主席1名，在讨论向股东会提出的一项提案时，有4名监事通过，有关该公司的监事会情形，说法正确的是（ ）。
    A. 有限责任公司监事会成员应不得少于9人，该公司的监事会成员人数不足
    B. 有限责任公司监事会主席由股东会选举产生

C. 该公司的监事会主席可以同时担任财务负责人

D. 该公司监事会此决议可以通过，因为通过的人数达到了全体监事的半数以上

79. 私募基金管理人（　　）是在充分考虑内外部环境的基础上，对经营过程中的风险进行识别、评价和管理的制度安排、组织体系和控制措施。

　　A. 风险管理　　　B. 风险控制　　　C. 合规管理　　　D. 内部控制

80. 私募基金管理人应当按照《私募投资基金管理人内部控制指引》的要求，结合自身的具体情况，建立健全（　　）机制，持续开展内部控制评价和监督。

　　A. 内部控制　　　B. 合规管理　　　C. 风险控制　　　D. 风险管理

81. 私募基金管理人对管理的各私募基金应当（　　）。

　　A. 扶持业绩较好的基金　　　　　　B. 公平对待

　　C. 区别对待　　　　　　　　　　　D. 扶持业绩较差的基金

82. 私募基金管理人应当遵循（　　）原则，主营业务清晰，不得兼营与私募基金管理无关或存在利益冲突的其他业务。

　　A. 专业化运营　　B. 审慎运营　　　C. 合规经营　　　D. 合法经营

83. 私募投资基金信息披露义务人不包括（　　）。

　　A. 私募基金管理人

　　B. 中国证券投资基金业协会

　　C. 私募基金托管人

　　D. 中国证券监督管理委员会规定的具有信息披露义务的法人

84. （　　）应当根据相关法律法规、中国证券监督管理委员会以及中国证券投资基金业协会的规定和基金合同的约定，对私募基金管理人编制的基金资产净值等向投资者披露的基金相关信息进行复核确认。

　　A. 私募基金销售机构　　　　　　　B. 律师事务所

　　C. 会计师事务所　　　　　　　　　D. 私募基金托管人

85. 变更基金管理人或托管人的，信息披露义务人应当按照（　　）的约定及时向投资者披露。

　　A. 基金合同　　　B. 托管协议　　　C. 投资协议　　　D. 招募说明书

86. 私募基金管理人未在基金合同约定信息披露事项的，基金（　　）过程中由中国基金业协会责令改正。

　　A. 注册　　　　　B. 登记　　　　　C. 备案　　　　　D. 信息披露

87. 契约型私募基金的基金管理人委托其他机构代为办理私募基金份额登记业务的，应当与有关机构签订（　　）。

　　A. 基金合同　　　　　　　　　　　B. 权利义务说明书

　　C. 委托代理协议　　　　　　　　　D. 责任申明书

88. 以下有关采用结构化安排的私募投资基金的说法中，不正确的是（　　）。

　　A. 间接对结构化私募基金的持有人提供保收益安排

　　B. 直接对结构化私募基金的持有人提供保本安排

　　C. 间接对结构化私募基金的持有人提供保本安排

D. 风险完全由基金管理人承担

89. 以下有关公司型基金管理方式的说法，正确的是（   ）。
    A. 只能采用委托管理方式
    B. 可以采用自我管理方式，也可采用委托管理方式
    C. 同时采用委托管理方式和自我管理方式
    D. 只能采用自我管理方式

90. 公司型基金章程中，费用和支出条款包含的内容有（   ）。
    Ⅰ. 托管机构报酬的计提方式　　　　Ⅱ. 公司的税务承担事项
    Ⅲ. 公司承担的有关费用　　　　　　Ⅳ. 受托管理人报酬的标准
    A. Ⅰ、Ⅱ、Ⅲ　　B. Ⅰ、Ⅲ、Ⅳ　　C. Ⅰ、Ⅱ、Ⅳ　　D. Ⅱ、Ⅲ、Ⅳ

91. 私募基金合同中，投资者应当声明其为符合《私募投资基金监督管理暂行办法》规定的合格投资者，（   ）相应的投资风险。
    A. 不愿意承担　　　　　　　　　　B. 愿意承担大部分
    C. 愿意承担　　　　　　　　　　　D. 愿意承担小部分

92. 私募基金管理人应当履行（   ）义务。委托基金销售机构募集私募基金的，（   ）因委托募集免除私募基金管理人依法承担的责任。
    A. 受托人；可以　　　　　　　　　B. 委托人；可以
    C. 受托人；不得　　　　　　　　　D. 委托人；不得

93. 私募基金募集的监督机构包括（   ）。
    Ⅰ. 律师事务所　　　　　　　　　　Ⅱ. 取得基金销售业务资格的商业银行
    Ⅲ. 会计师事务所　　　　　　　　　Ⅳ. 取得基金销售业务资格的证券公司
    A. Ⅰ、Ⅱ　　　B. Ⅰ、Ⅲ　　　C. Ⅱ、Ⅳ　　　D. Ⅰ、Ⅱ、Ⅲ、Ⅳ

94. 私募基金管理人委托基金销售机构募集私募基金的，其相应责任应（   ）。
    A. 依法承担，不得免除　　　　　　B. 依法承担，可以免除大部分
    C. 直接免除　　　　　　　　　　　D. 依法承担，可以免除小部分

95. 私募投资基金募集机构对投资者的问卷调查中，投资者基本信息不包括（   ）。
    A. 年龄、学历、职业　　　　　　　B. 金融资产状况
    C. 工商登记中的必备信息　　　　　D. 身份信息

96. 募集机构推介股权投资基金前，确定特定对象的程序错误的是（   ）。
    A. 问卷调查　　B. 邮件确认　　C. 口头访谈　　D. 录音电话

97. 募集机构、基金业务外包服务机构及其从业人员涉嫌违反法律、行政法规、中国证券监督管理委员会有关规定的，移送（   ）或司法机关处理。
    A. 中国证券基金业协会　　　　　　B. 仲裁机构
    C. 中国人民银行　　　　　　　　　D. 中国证券监督管理委员会

98. 以下关于私募基金管理人登记和私募基金备案的说法，错误的是（   ）。
    A. 自《关于进一步规范私募基金管理人登记若干事项的公告》发布之日起，中国基金业协会不再出具私募基金管理人登记电子证明
    B. 中国基金业协会以通过协会官方网站公示私募基金管理人基本情况的方式，为

私募基金管理人办结登记手续
C. 向中国基金业协会办理私募基金备案业务需提供私募基金管理人登记证书
D. 被注销登记的私募基金管理人若因真实业务需要，可按要求重新申请私募基金管理人登记

99. 根据（　　）的规定，中国基金业协会以通过协会官方网站公示私募基金管理人基本情况的方式，为私募基金管理人办结登记手续。
A.《私募投资基金监督管理暂行办法》和《私募投资基金管理人登记和基金备案办法（试行）》
B.《私募投资基金合同指引1号》和《私募投资基金管理人登记和基金备案办法（试行）》
C.《私募投资基金信息披露管理办法》和《私募投资基金监督管理暂行办法》
D.《私募投资基金信息披露管理办法》和《私募投资基金管理人登记和基金备案办法（试行）》

100. 自《关于进一步规范私募基金管理人登记若干事项的公告》发布之日起，新登记的私募基金管理人在办结登记手续之日起（　　）个月内仍未备案首只私募基金产品的，中国基金业协会将注销该私募基金管理人登记。
A. 3　　　　B. 5　　　　C. 6　　　　D. 12

模拟试卷（三）参考答案及解析

1.【答案】 D
【解析】私人股权包括未上市企业和上市企业非公开发行和交易的普通股、依法可转换为普通股的优先股和可转换债券。

2.【答案】 C
【解析】Ⅰ项，ARD为美国研究与发展公司，成立于1946年，被公认为全球第一家以公司形式运作的创业投资基金。

3.【答案】 D
【解析】欧洲议会于2010年9月通过了《泛欧金融监管改革法案》，2011年6月通过了《另类基金管理人指引》，从而建立了针对股权投资基金行业的新的监管体系。新体系主要包括五个方面的内容：①对股权投资基金实行统一监管；②监管的重点是基金管理人而不是基金本身；③抓大放小，重点监管大型基金的管理人；④建立和强化信息披露机制；⑤强化对杠杆的规制。

4.【答案】 A
【解析】1985年，由原国家科委和财政部等部门筹建了我国第一个风险投资机构——中国新技术创业投资公司（中创公司）。

5.【答案】 D
【解析】私募股权投资基金生命周期中的关键要素有基金期限、投资期与管理退出期、项目投资周期和滚动投资。

6.【答案】 D

【解析】股权投资基金的投资者主要包括个人投资者、工商企业、金融机构、社会保障基金、企业年金、社会公益基金、政府引导基金、母基金等。

7. 【答案】 D

【解析】我国股权投资基金业在发展早期以外资人民币股权投资基金和外币股权投资基金为主。

8. 【答案】 C

【解析】股权投资母基金的业务主要包括一级投资、二级投资和直接投资。

9. 【答案】 B

【解析】取得基金销售业务资格的商业银行、证券公司等金融机构，可以在同一基金的募集过程中同时作为募集机构与监督机构，并建立完备的防火墙制度，防范利益冲突。

10. 【答案】 D

【解析】基金募集过程中，募集机构应当恪尽职守、诚实守信、谨慎勤勉，防范利益冲突，履行说明义务、反洗钱义务等相关义务，承担特定对象确定、投资者适当性审查、基金推介及合格投资者确认等相关责任。

11. 【答案】 B

【解析】销售机构参与股权投资基金募集活动，需满足的条件有：（1）在中国证券监督管理委员会注册取得基金销售业务资格。（2）成为中国证券投资基金业协会会员。（3）接受基金管理人委托（签署销售协议）。

12. 【答案】 A

【解析】根据中国证券监督管理委员会的规定，对于股权投资基金的单位投资者，要求其净资产不低于 1000 万元。

13. 【答案】 D

【解析】根据《私募投资基金监督管理暂行办法》第十三条规定，以下投资者视为合格投资者：（一）社会保障基金、企业年金等养老基金，慈善基金等社会公益基金；（二）依法设立并在中国证券投资基金业协会备案的投资计划；（三）投资于所管理私募基金的私募基金管理人及其从业人员；（四）中国证监会规定的其他投资者。

14. 【答案】 C

【解析】C 项，募集机构在投资冷静期内不得主动联系投资者。

15. 【答案】 A

【解析】在特定对象的确定流程中，向投资者推介基金之前，募集机构应当采取问卷调查等方式履行特定对象确定程序，对投资者风险识别能力和风险承担能力进行评估。

16. 【答案】 B

【解析】股权投资基金的核心业务是投资实施与管理退出，与之密切相关的是各参与主体间的权利义务关系安排，特别是投资决策权的设置机制。

17. 【答案】 B

【解析】对于契约型基金来讲，基金合同当事人遵循平等自愿、诚实信用、公平原则订立基金合同，以契约方式订明当事人的权利和义务。

18. 【答案】 D

【解析】领取营业执照后，应该刻制企业印章，申请纳税登记，开立银行基本账户等。

19. 【答案】 D

【解析】在股权投资业务中，项目股息、分红收入属于股息红利所得，不属于增值税征税范围。

20. 【答案】 C

【解析】公司型基金合同中的组织形式相关内容主要包括：（1）基本情况。（2）股东出资。（3）股东的权利义务。（4）股东（大）会。（5）高级管理人员。（6）入股、退股及转让。（7）财务会计制度。（8）终止、解散及清算。（9）章程的修订。

21. 【答案】 A

【解析】选项 A 属于组织形式相关内容，其他三项属于股权投资业务相关内容。

22. 【答案】 D

【解析】项目初审包括书面初审与现场初审两个部分，股权投资基金对企业进行书面初审的主要方式是审阅企业的商业计划书或融资计划书。

23. 【答案】 B

【解析】股权投资基金法律尽职调查的作用是帮助基金管理人全面地评估企业资产和业务的合规性以及潜在的法律风险。

24. 【答案】 D

【解析】A 项，风险控制一般包括风险识别、风险评估以及风险应对三个步骤；B 项，风险控制报告由风险控制经理出具，并经风险控制部负责人签署后独立出具；C 项，股权投资基金投资环节通常设立独立的风险控制体系，风险控制组织、业务流程相对独立。

25. 【答案】 D

【解析】估值是投资最重要的环节之一，也是投资协议的重要内容，投资前需要明确评估目标资产的公允价值。

26. 【答案】 C

【解析】估值方法通常包括：①相对估值法；②折现现金流法；③成本法；④清算价值法；⑤经济增加值法等。其中，股权投资行业主要用到的估值方法为相对估值和折现现金流法。

27. 【答案】 C

【解析】相对估值法是早期创业投资基金较常用的方法，定增基金、并购基金等也往往以之作为参考。

28. 【答案】 C

【解析】C 项，EBITDA 未将所得税因素考虑在内，税收减免或者补贴会导致两家企业的 EBITDA 相等但税后净利润却相差较大。

29. 【答案】 D

【解析】对于股权投资机构而言，清算很难获得很好的投资回报，在企业正常可持续经营的情况下，不会采用清算价值法。

30. 【答案】 D

【解析】不同行业的市净率可能存在巨大差别，故 D 项表述错误。

31. 【答案】   B

【解析】股权投资协议中，回购条款事先设定的触发条件通常包括目标企业未到达事先设定的业绩目标、目标企业在一段时间内未能成功实现IPO、目标企业出现了导致实际控制权发生转移的重大事项等。

32. 【答案】   B

【解析】境外股权投资基金面向境内企业的投资，是指注册于境外的股权投资基金，采取新设、增资或收购等方式，投资于境内企业；境内股权投资基金面向境外企业的投资，是指注册于境内的股权投资基金，采取新设、增资或收购等方式，投资于境外企业。

33. 【答案】   D

【解析】股权投资基金投资后项目监控的市场信息追踪指标主要包括：产品市场前景和竞争状况、产品销售与市场开拓情况、经第三方了解的企业经营状况、相关产业动向及政府政策变动情况等。

34. 【答案】   C

【解析】股权投资基金对被投资企业的监控通常会采取以下方式：①跟踪协议条款执行情况，在投资后管理阶段，股权投资基金管理人需定期核查协议条款的执行情况，保护双方的合法权益；②监控被投资企业财务状况，股权投资基金对被投资企业的风险监控的重要途径之一是在投资后对被投资企业的财务状况进行监控；③参与被投资企业重大经营决策。

35. 【答案】   D

【解析】管理指标主要包括公司战略与业务定位、股东关系与公司治理、高级管理人员尽职与异动情况、经营风险控制情况、重大经营管理问题、危机事件处理情况。

36. 【答案】   C

【解析】项目退出是指股权投资基金选择合适的时机，将其在被投资企业的股权变现，由股权形态转化为资本形态，以实现资本增值，或及时避免和降低财产损失。

37. 【答案】   C

【解析】股权投资基金投资项目在境内申报上市的流程为：成立股份公司→上市前辅导→上市申报和核准→促销和发行→股票上市及后续。

38. 【答案】   D

【解析】股权投资基金投资项目在境内申报上市的流程中，促销和发行的主要内容包括：审核通过后向交易所申请发行；推出研究报告，进行公司定位和估值；准备分析员说明会和路演；询价、促销；确定发行规模和定价范围。

39. 【答案】   B

【解析】国内A股IPO市场包括主板、中小企业板和创业板。

40. 【答案】   C

【解析】股权转让方与受让方对股权转让事宜进行初步谈判，可签署股权转让意向书，约定受让方对目标公司开展尽职调查的相关安排、受让方在一定期间内的独家谈判权以及双方的保密义务等。

41. 【答案】   C

【解析】A项，管理费及托管费的提取频率一般为按照季度提取或者按照年度提取。B

项，基金管理费是基金管理人因投资管理基金资产而向基金收取的费用；基金托管费是基金托管人为基金提供托管服务而向基金收取的费用。D 项，管理费与托管费可按照基金实缴规模作为计算基数收取，也可以按照合同约定的其他方式计算并收取。

42. 【答案】 B

【解析】B 项，对于存在活跃市场的投资品种，估值日无市价，但最近交易日后经济环境未发生重大变化的，应采用最近交易市价确定公允价值。

43. 【答案】 C

【解析】根据《基金业务外包服务指引（试行）》相关问题解答（一），已获得证监会公募基金销售业务资格或销售支付结算机构备案的基金业务外包服务机构，如开展私募基金的销售或销售支付业务的，仅需在线填报机构基础材料、私募基金销售结算资金归集账户信息及合作的销售机构/销售支付机构。

44. 【答案】 A

【解析】股权投资基金管理人内部控制的原则中，相互制约原则是指组织结构应当权责分明、相互制约。

45. 【答案】 A

【解析】中国证监会及其派出机构依照《中华人民共和国证券投资基金法》《私募投资基金监督管理暂行办法》和中国证监会的其他有关规定，对股权投资基金业务活动实施监督管理。

46. 【答案】 C

【解析】根据《私募投资基金监督管理暂行办法》第十三条，符合以下条件规定的投资者投资私募基金的，不再穿透核查最终投资者是否为合格投资者和合并计算投资者人数：①社会保障基金、企业年金等养老基金，慈善基金等社会公益基金；②依法设立并在基金业协会备案的投资计划；③中国证监会规定的其他合格投资者。

47. 【答案】 C

【解析】C 项，两个以上股东主张行使优先购买权时，由其协商确定各自的购买比例，协商不成的，按照转让时各自的出资比例行使优先购买权。

48. 【答案】 C

【解析】有限责任公司股东向股东以外的人转让股权，应当经其他股东过半数同意。股东应就其股权转让事项书面通知其他股东征求同意，其他股东自接到书面通知之日起满 30 日未答复的，视为同意转让。

49. 【答案】 D

【解析】公司财产在分别支付清算费用、职工的工资、社会保险费用和法定补偿金，缴纳所欠税款，清偿公司债务后的剩余财产，有限责任公司按照股东的出资比例分配，股份有限公司按照股东持有的股份比例分配。

50. 【答案】 B

【解析】B 项，根据《中华人民共和国公司法》，当公司的法定公积金不足以弥补以前年度亏损的，在依照规定提取法定公积金之前，应当先用当年利润弥补亏损。

51. 【答案】 D

【解析】对公司型基金而言,"转让财产收入"、"股息、红利等权益性投资收益"为主要收入来源,其中"转让财产收入"即公司型基金转让标的企业股权获得的收入。

52. 【答案】　B

【解析】根据《中华人民共和国刑法》的规定,个人非法吸收或者变相吸收公众存款,数额在20万元以上的,单位非法吸收或者变相吸收公众存款,数额在100万元以上的,应当依法追究刑事责任。

53. 【答案】　B

【解析】新申请股权投资基金管理人登记、已登记的股权投资基金管理人发生部分重大事项变更,需通过私募基金登记备案系统提交中国律师事务所出具的法律意见书。法律意见书应当对申请机构最近三年涉诉或仲裁的情况发表意见。

54. 【答案】　D

【解析】根据《基金业务外包服务指引(试行)》相关问题解答(一),基金业务外包服务机构开展基金销售业务,是指其宣传推介基金,发售基金份额(权益),办理基金份额(权益)认/申购(认缴)、分红、赎回(退出)等活动。

55. 【答案】　B

【解析】募集主体:(1)在中国基金业协会办理私募基金管理人登记的机构可以自行募集其设立的私募基金。(2)在中国证监会注册取得基金销售业务资格并已成为中国基金业协会会员的机构可以受私募基金管理人助委托募集私募基金。

56. 【答案】　A

【解析】符合下列条件之一的私募股权投资基金管理人(含创业投资基金管理人)的高级管理人员,可以向中国证券投资基金业协会资格认定委员会申请认定基金从业资格:(1)从事私募股权投资(含创业投资)6年及以上,且参与并成功退出至少两个项目。(2)担任过上市公司或实收资本不低于10亿元人民币的大中型企业高级管理人员,且从业12年及以上。(3)从事经济社会管理工作12年及以上的高级管理人员。(4)在大专院校、研究机构从事经济、金融等相关专业教学研究12年及以上,并获得教授或研究员职称的。

57. 【答案】　C

【解析】根据《中华人民共和国证券投资基金法》第十七条的规定,公开募集基金的基金管理人的董事、监事、高级管理人员和其他从业人员,其本人、配偶、利害关系人进行证券投资,应当事先向基金管理人申报,并不得与基金份额持有人发生利益冲突。本例中,基金经理甲的妻子进行证券投资,甲没有向所在公司事先申报,是违法行为。

58. 【答案】　A

【解析】《中华人民共和国证券投资基金法》第四十条规定,国务院证券监督管理机构、国务院银行业监督管理机构对有以下情形之一的基金托管人,可以取消其基金托管资格:(一)连续3年没有开展基金托管业务的;(二)违反本法规定,情节严重的;(三)法律、行政法规规定的其他情形。

59. 【答案】　D

【解析】《中华人民共和国证券投资基金法》第七十三条,基金财产不得用于下列投资或者活动:(1)承销证券;(2)违反规定向他人贷款或者提供担保;(3)从事承担无限责任的投资；(4) 买卖其他基金份额，但是国务院证券监督管理机构另有规定的除外；(5) 向基金管理人、基金托管人出资；(6) 从事内幕交易、操纵证券交易价格及其他不正当的证券交易活动；(7) 法律、行政法规和国务院证券监督管理机构规定禁止的其他活动。

60. 【答案】 D

【解析】D项属于基金管理人的职责。

61. 【答案】 C

【解析】《中华人民共和国证券投资基金法》第八十七条规定，非公开募集基金应当向合格投资者募集，合格投资者累计不得超过200人。

62. 【答案】 B

【解析】《中华人民共和国公司法》第二十五条规定，有限责任公司章程应当载明下列事项：(一) 公司名称和住所；(二) 公司经营范围；(三) 公司注册资本；(四) 股东的姓名或者名称；(五) 股东的出资方式、出资额和出资时间；(六) 公司的机构及其产生办法、职权、议事规则；(七) 公司法定代表人；(八) 股东会会议认为需要规定的其他事项。

63. 【答案】 C

【解析】根据《中华人民共和国公司法》第一百四十八条规定，Ⅱ、Ⅲ、Ⅳ项都属于公司董事、高级管理人员不得有的行为。

64. 【答案】 C

【解析】《中华人民共和国公司法》第二百一十六条规定，高级管理人员是指公司的经理、副经理、财务负责人，上市公司董事会秘书和公司章程规定的其他人员。

65. 【答案】 C

【解析】C项，合伙人的代表行为，对全体合伙人发生法律效力，即其执行合伙事务所产生的收益归合伙企业，所产生的费用和亏损由合伙企业承担。

66. 【答案】 C

【解析】《中华人民共和国合伙企业法》第七十七条规定，新入伙的有限合伙人对入伙前有限合伙企业的债务，以其认缴的出资额为限承担责任。

67. 【答案】 B

【解析】清算人未依照《中华人民共和国合伙企业法》规定向企业登记机关报送清算报告，或者报送清算报告隐瞒重要事实，或者有重大遗漏的，由企业登记机关责令改正。由此产生的费用和损失，由清算人承担和赔偿。

68. 【答案】 B

【解析】根据《私募投资基金监督管理暂行办法》第二条，私募基金财产的投资包括买卖股票、股权、债券、期货、期权、基金份额及投资合同约定的其他投资标的。

69. 【答案】 A

【解析】依据《中华人民共和国证券法》和《中华人民共和国证券投资基金法》，国务院证券监督管理机构，即中国证监会，是我国基金市场的监管主体，依法对基金市场主体及其活动实施监督管理。

70. 【答案】 D

【解析】根据《私募投资基金监督管理暂行办法》第七条，各类私募基金管理人应当根据基金业协会的规定，向基金业协会申请登记，报送以下基本信息：①工商登记和营业执照正副本复印件；②公司章程或者合伙协议；③主要股东或者合伙人名单；④高级管理人员的基本信息；⑤基金业协会规定的其他信息。A项属于私募基金管理人向基金业协会办理基金备案手续应报送的信息。

71. 【答案】 D

【解析】根据《私募投资基金监督管理暂行办法》第二十五条，私募基金管理人应当于每个会计年度结束后的4个月内，向基金业协会报送经会计师事务所审计的年度财务报告和所管理私募基金年度投资运作基本情况。

72. 【答案】 A

【解析】《私募投资基金监督管理暂行办法》第三十九条规定，私募基金管理人、私募基金托管人、私募基金销售机构及其他私募服务机构及其从业人员违反法律法规和本办法规定，情节严重的，中国证券监督管理委员会可以依法对有关责任人员采取市场禁入措施。

73. 【答案】 B

【解析】B项，根据《私募投资基金监督管理暂行办法》第三十七条，中国证监会及其派出机构对创业投资基金在投资方向检查等环节，采取区别于其他私募基金的差异化监。

74. 【答案】 C

【解析】根据《私募投资基金监督管理暂行办法》的规定，私募基金管理人未按照中国证券投资基金业协会的规定报送资料申请登记的，责令改正，给予警告并处3万元以下罚款；构成犯罪的，依法移交司法机关追究刑事责任。

75. 【答案】 D

【解析】根据《私募投资基金管理人登记和基金备案办法（试行）》第七条，登记申请材料不完备或不符合规定的，私募基金管理人应当根据基金业协会的要求及时补正。申请登记期间，登记事项发生重大变化的，私募基金管理人应当及时告知基金业协会并变更申请登记内容。

76. 【答案】 C

【解析】根据《私募投资基金管理人登记和基金备案办法（试行）》第十三条规定，网站公示的私募基金基本情况包括私募基金的名称、成立时间、备案时间、主要投资领域、基金管理人及基金托管人等基本信息。

77. 【答案】 C

【解析】《私募投资基金管理人登记和基金备案办法（试行）》第二十二条规定，私募基金管理人发生以下重大事项的，应当在10个工作日内向中国证券投资基金业协会报告：（一）私募基金管理人的名称、高级管理人员发生变更；（二）私募基金管理人的控股股东、实际控制人或者执行事务合伙人发生变更；（三）私募基金管理人分立或者合并；（四）私募基金管理人或高级管理人员存在重大违法违规行为；（五）依法解散、被依法撤销或者被依法宣告破产；（六）可能损害投资者利益的其他重大事项。

78. 【答案】 D

【解析】A项，有限责任公司设立监事会，其成员不得少于3人；B项，有限责任公司监事会主席由全体监事过半数选举产生；C项，董事、高级管理人员不得兼任监事，高级管理人员包括经理、副经理、财务负责人,上市公司董事会秘书和公司章程规定的其他人员。

79.【答案】　D

【解析】根据《私募投资基金管理人内部控制指引》第二条,私募基金管理人内部控制是指私募基金管理人为防范和化解风险,保证各项业务的合法合规运作,实现经营目标,在充分考虑内外部环境的基础上,对经营过程中的风险进行识别、评价和管理的制度安排、组织体系和控制措施。

80.【答案】　A

【解析】根据《私募投资基金管理人内部控制指引》第三条,私募基金管理人应当按照本指引的要求,结合自身的具体情况,建立健全内部控制机制,明确内部控制职责,完善内部控制措施,强化内部控制保障,持续开展内部控制评价和监督。

81.【答案】　B

【解析】《私募投资基金管理人内部控制指引》第十九条规定,私募基金管理人应建立健全相关机制,防范管理的各私募基金之间的利益输送和利益冲突,公平对待管理的各私募基金,保护投资者利益。

82.【答案】　A

【解析】《私募投资基金管理人内部控制指引》第八条规定,私募基金管理人应当遵循专业化运营原则,主营业务清晰,不得兼营与私募基金管理无关或存在利益冲突的其他业务。

83.【答案】　B

【解析】根据《私募投资基金信息披露管理办法》第二条规定,本办法所称的信息披露义务人,指私募基金管理人、私募基金托管人,以及法律,行政法规、中国证券监督管理委员会和中国证券投资基金业协会规定的具有信息披露义务的法人和其他组织。

84.【答案】　D

【解析】《私募投资基金信息披露管理办法》第十条规定,私募基金进行托管的,私募基金托管人应当按照相关法律法规、中国证券监督管理委员会以及中国证券投资基金业协会的规定和基金合同的约定,对私募基金管理人编制的基金资产净值、基金份额净值、基金份额申购赎回价格、基金定期报告和定期更新的招募说明书等向投资者披露的基金相关信息进行复核确认。

85.【答案】　A

【解析】《私募投资基金信息披露管理办法》第十八条规定,发生以下重大事项的,信息披露义务人应当按照基金合同的约定及时向投资者披露:(一)基金名称、注册地址、组织形式发生变更的;(二)投资范围和投资策略发生重大变化的;(三)变更基金管理人或托管人的;(四)管理人的法定代表人、执行事务合伙人(委派代表)、实际控制人发生变更的;(五)触及基金止损线或预警线的;(六)管理费率、托管费率发生变化的;(七)基金收益分配事项发生变更的;(八)基金触发巨额赎回的;(九)基金存续期变更或展期的;(十)基金发生清盘或清算的;(十一)发生重大关联交易事项的;(十二)基金管理人、实际控制人、高管人员涉嫌重大违法违规行为或正在接受监管部门或自律管理部门调查的;(十三)涉及私募基金管理业务、基金财产、基金托管业务的重大诉讼、仲裁;(十四)基金合同约定的影响投资者利益的其他重大事项。

86. 【答案】 C

【解析】根据《私募投资基金信息披露管理办法》第二十四条，私募基金管理人未在基金合同约定信息披露事项的，基金备案过程中由中国基金业协会责令改正。

87. 【答案】 C

【解析】根据《私募投资基金合同指引1号（契约型私募基金合同内容与格式指引）》第三十三条，私募基金管理人委托可办理私募基金份额登记业务的其他机构代为办理私募基金份额登记业务的，应当与有关机构签订委托代理协议。

88. 【答案】 D

【解析】《私募投资基金合同指引1号（契约型私募基金合同内容与格式指引）》第三十七条规定，私募基金采用结构化安排的，不得违背"利益共享，风险共担"基本原则，直接或间接对结构化私募基金的持有人提供保本、保收益安排。

89. 【答案】 B

【解析】根据《私募投资基金合同指引2号（公司章程必备条款指引）》，公司型基金可以采取自我管理，也可以委托其他私募基金管理机构管理。采取自我管理方式的，章程中应当明确管理架构和投资决策程序；采取委托管理方式的，章程中应当明确管理人的名称，并列明管理人的权限及管理费的计算和支付方式。

90. 【答案】 B

【解析】根据《私募投资基金合同指引2号（公司章程必备条款指引）》，章程的费用和支出条款应列明公司承担的有关费用（包括税费）、受托管理人和托管机构报酬的标准及计提方式。Ⅱ项属于税务承担条款的内容。

91. 【答案】 C

【解析】《私募投资基金合同指引3号（合伙协议必备条款指引）》第四条规定，私募基金管理人及私募基金投资者应在合伙协议首页用加粗字体进行如下声明与承诺，包括但不限于：私募基金投资者声明其为符合《私募投资基金监督管理暂行办法》规定的合格投资者，保证财产的来源及用途符合国家有关规定，并已充分理解本合同条款，了解相关权利义务，了解有关法律法规及所投资基金的风险收益特征，愿意承担相应的投资风险；私募基金投资者承诺其向私募基金管理人提供的有关投资目的、投资偏好、投资限制、财产收入情况和风险承受能力等基本情况真实、完整、准确、合法，不存在任何重大遗漏或误导。

92. 【答案】 C

【解析】根据《私募投资基金募集行为管理办法》第七条，私募基金管理人应当履行受托人义务，承担基金合同、公司章程或者合伙协议（统称基金合同）的受托责任。委托基金销售机构募集私募基金的，不得因委托募集免除私募基金管理人依法承担的责任。

93. 【答案】 C

【解析】《私募投资基金募集行为管理办法》第十三条规定，本办法所称监督机构指中国证券登记结算有限责任公司、取得基金销售业务资格的商业银行、证券公司以及中国证券投资基金业协会规定的其他机构。监督机构应当成为中国证券投资基金业协会的会员。

94. 【答案】 A

【解析】《私募投资基金募集行为管理办法》第七条规定，私募基金管理人应当履行受托人义务，承担基金合同、公司章程或者合伙协议的受托责任。委托基金销售机构募集私募基金的，不得因委托募集免除私募基金管理人依法承担的责任。

95. 【答案】　B

【解析】投资者基本信息分为个人投资者基本信息和机构投资者基本信息。个人投资者基本信息包括身份信息、年龄、学历、职业、联系方式等信息；机构投资者基本信息包括工商登记中的必备信息、联系方式等信息。B项属于个人投资者财务状况。

96. 【答案】　C

【解析】募集机构在向投资者推介基金之前，应当采取问卷调查等方式履行特定对象确定程序，对投资者风险识别能力和风险承担能力进行评估。投资者应当以书面形式承诺其符合合格投资者标准。募集机构通过互联网媒介在线向投资者推介基金之前，应当设置在线特定对象确定程序，投资者应承诺其符合合格投资者标准。

97. 【答案】　D

【解析】《私募投资基金募集行为管理办法》第四十二条规定，募集机构、基金业务外包服务机构及其从业人员涉嫌违反法律、行政法规、中国证券监督管理委员会有关规定的，移送中国证券监督管理委员会或司法机关处理。

98. 【答案】　C

【解析】C项，自《关于进一步规范私募基金管理人登记若干事项的公告》发布之日起，中国基金业协会不再出具私募基金管理人登记电子证明。中国基金业协会此前发放的纸质私募基金管理人登记证书、私募基金管理人登记电子证明不再作为办理相关业务的证明文件。

99. 【答案】　A

【解析】根据《私募投资基金监督管理暂行办法》和《私募投资基金管理人登记和基金备案办法（试行）》的规定，中国基金业协会以通过协会官方网站公示私募基金管理人基本情况的方式，为私募基金管理人办结登记手续。

100. 【答案】　C

【解析】根据《关于进一步规范私募基金管理人登记若干事项的公告》，自本公告发布之日起，新登记的私募基金管理人在办结登记手续之日起6个月内仍未备案首只私募基金产品的，中国基金业协会将注销该私募基金管理人登记。